爭尊嚴
香港海員大罷工史

梁寶龍　編著

U0152186

香港社會保障學會
香港工運史研究小組
聯合出版

書名：《爭尊嚴——香港海員大罷工史》

編著：梁寶龍
出版：香港社會保障學會、香港工運史研究小組
電郵：leungpolung@gmail.com
承印：1981製作室
地址：香港九龍藍田啟田道71號
　　　藍田（西區）社區中心二樓
出版日期：2018年12月初版
書號：978-962-85579-7-4
每本售價120元

謹以此書獻給亡母

何玉芳

目　錄

第五章 總 結

參考資料

跋　為今後的社會運動投石問路

海員工會序

《爭尊嚴——香港海員大罷工史》記述了香港海員大罷工起因、經過及結果，資料詳盡值得一讀。看完此書可以解答人們常問的幾個問題。

一，當年香港海員為何能夠如此團結，工會一聲令下各輪就全面罷工？

原因是香港海員所受壓迫太重，剝削太深。書中道：中國海員同工不同酬，幹最苦最髒的活，工資只有白人的五分一，生活上更不被當人看待，經常遭受凌辱打罵虐待，中國人就算被打死，賠六十元便可了事，而打死一匹馬卻要賠二百六十元。冰凍三尺非一日之寒，長期深重的階級和種族壓迫和剝削把每一個海員逼成乾柴，只要一點火就必然是沖天的烈焰。

二，香港海員大罷工的性質是什麼？是經濟大罷工，還是政治大罷工？

香港海員大罷工，初時從表面上看其性質是經濟的，因為這場罷工是由資方拒絕要求增加工資引起的。但此書告訴我們海員的積怨並非只是工資低下，更多的是種族歧視和民族壓迫。這場大罷工既是反剝削的經濟鬥爭，又是反民族壓迫的政治鬥爭。特別是在港英當局鎮壓罷工、封鎖工會、開槍打傷打死徒步往廣州的罷工工人和全港總同盟罷工爆發之後，政治鬥爭的性質就更為明顯。香港海員大罷工是一場偉大的反殖民統治，反民族壓迫的政治鬥爭。

三，香港海員大罷工為什麼能夠取得勝利？

香港海員大罷工能夠取得勝利，是由於海員能夠團結一致同仇敵愾敢於抗爭。但更重要的得到全港工人的支持，沒有香港工人總同盟罷工把香港變為死港臭港，港英是絕不會向工人低頭屈服的。可以這麼說，香港海員大罷工是全港工人團結鬥爭的結果。這也說明當時港英殖民主義者與香港工人的矛盾是多麼的尖銳。有壓迫就有反抗，沒有港英當局深重的民族壓迫，誰也無法點燃總同盟大罷工的熊熊烈火。

四，香港海員大罷工影響有多大？

香港海員大罷工勝利影響是巨大的。它沉重地打擊了港英殖民主義者在香港的統治，顯示了中國工人的力量，推動了全國工人運動。從1922年初至1923年2月全國各地罷工達一百多次以上，參加罷工總人數達三十餘萬。

此外，孫中山先生從香港海員大罷工中看到了工人對革命的作用，這與他聯俄聯共，扶助農工的革命綱領的制定是不無關係的。

香港海員大罷工在尖銳複雜的鬥爭中湧現出一大批卓越的領導人物，為後來規模更大的省港大罷工準備了骨幹力量。林偉民、蘇兆徵還先後被選為中華全國總工會委員長，成為全中國工人運動的領袖。

香港海員大罷工雖然已經過去九十七年了，我們今天了解它的起因和影響是仍有着意義和作用的。它告訴我們，在國家積貧積弱的年代，中國人是如何的低賤，如何牛馬不如。它告訴我們，個人和國家的命運總是緊密相連，如果沒有無數先輩前仆後繼的抗爭，沒有國家的強大

就沒有中國人今天的尊嚴和地位。因此，為了自已，為了後代，我們要熱愛自已的國家，熱愛自已的民族，要自強不息使我們的國家更加昌盛，使中華民族復興的偉大事業能夠得到更快的實現。

香港海員工會
主席：李志偉船長
2018年7月20日

周奕序

海員大罷工的意義和影響

1922年的海員大罷工在香港工運史以至中國工運史都是一個里程碑。歷時56天的行動與談判可以說是艱苦卓著、波譎雲詭,然而,香港海員依靠團結的力量,加上各方面的支持,取得輝煌的勝利。

一間成立不到一年的「中華海員工業聯合總會」,曾經被傲慢的船東質疑工會具有多少實力,想不到竟然能夠唱出一齣氣壯山河的壯歌——直接面對統治香港的英國殖民統治者。一艘艘大洋船泊岸,船上的香港海員馬上提著行李上岸參加罷工,並且立即加入工會,使到工會的會員人數從剛成立的二千多人猛增至二萬多人。這件事說明了哪一間工會能夠真正代表工人、爭取勞工的利益,它就受到工友的支持和擁護,並且在以後的工運歷程中一再得到證明。

除了海員們團結之外,更重要的是得到香港各業工人「同盟總罷工」的支持,短短五天之內,超過十萬人響應。海員爭取加薪而罷工是為了自己的權益,但是其他行業的工人並不涉及本人任何利益,卻能義無反顧,投身於這場鬥爭,發揮了巨大的力量,成為決勝的關鍵。由此可見,資本主義之重利盤剝、港英的高壓統治,都是促成這次抗爭的強力催化劑,並且帶出一個重要的訊息:中國人一向被外國人視之為「一盤散沙」,被目為卑下骯髒的無產階級以鐵的事實否定了這個說法。

工潮一開始，港英就宣布「中華海員工業聯合總會」為非法社團，封閉工會會所、抄走文件並拆去工會招牌。恢復談判時，勞方代表就以「恢復中華海員工業聯合總會原狀」為先決條件。這件事從對立的雙方來看都是「面子問題」，然而形格勢禁，港英不能不接受這個條件。所以，當罷工結束，港英派人把「海總」的招牌運送到工會樓下時，德輔道中萬人空巷，見證這件重大事情。當日有一個共同的意念貫串在許多中國人的心中：我們跟英國人打交道近百年，歷來都是中國吃虧，甚至要把香港割讓給英國。今天中國海員在廣大的香港工人的支持下打敗了英國。

　　海員大罷工的勝利帶來香港工運的高潮：成立了不少新工會，同時也激發了勞工們的鬥志，不少行業紛紛要求調整不合理的待遇。其漪漣效應是推動了鄰近的廣東省工運的發展，甚至當日盤踞在軍閥統治下之中國北方的工運同樣也蓬勃起來。

　　到1925年，爆發了震動世界的省港大罷工，初期的行動是海員罷工的翻版。換言之，三年前的海員罷工為其後省港大罷工的組織工作創造了經驗，進而有很大的改進和發展，這些經驗成為以後香港工人運動的寶貴資產，一直影響到1950年代及以後。

　　本書作者梁寶龍先生在其兄長寶霖先生的薰陶下，長期醉心於香港工運的歷史的研究，鍥而不捨地搜集了許多資料，偶有所得就編寫成一篇篇短文，貼在他自己的網誌上。我曾一再鼓勵他把有關問題輯錄成書，以備後人參閱。寶龍兄果然奮起，於2017年出版他第一本專著《汗血維城——香港早期工人與工運》，現在他又繼續努力，編

寫了這本著作，把海員大罷工的歷史呈現在讀者面前。由於他個人收藏的原始資料十分豐富，這本書中輯錄不少對立雙方的宣言和聲明的全文，以及許許多多的統計數字。

社會上有關海員大罷工的專著很不少，既有把整個事件的發展輯錄，亦有現身說法。寶龍兄這本書的一個特點是輯錄不少當日報章上記述的第一手資料，這些資料之特點是事件發生的日期與事件的過程確鑿無誤，我個人也喜歡運用這些資料，甚至據此推翻某些專論的推斷，因為把發生日期套上去，那些推斷就站不住腳。寶龍兄為了追查這些歷史，有一段時間從新界居處遠迢迢地去到銅鑼灣的中央圖書館查閱《華字日報》和其他報紙，偶有所得，他就興致勃勃地向我訴說，讓我分享他的喜悅。

寶龍兄這本書，刻意突出不止是記敘事件的前因後果，還有更重要的是爭取工人階級及以至中國人的尊嚴，正如本人在上文指出的：勝利復工當日，德輔道中萬人空巷，見證「中華海員工業聯合總會」的招牌重新懸掛到工會的會所上。所以，寶龍兄把這本書的主題定名為《爭尊嚴》！

前《文匯報》記者
《香港工運史》著者
周奕
2018年8月16日於香港

區龍宇序

世紀前的香港民主工運

香港傘運爭取普選未果，但這場自發運動卻震驚中外。它雖然失敗了，卻刺激了港人的反思，引發人們重新發掘香港歷史。

香港的普選運動並非如若干泛民所言，始於1986年的高山大會。早在1925-27年的省港大罷工，工人便提出了普選要求。所以，省港大罷工固然並非單純經濟鬥爭，亦非單純的反抗殖民政府，它同時也是民主鬥爭。從這點來說，省港大罷工與傘運雖然相隔近一個世紀，卻精神相通。甚至可說，省港大罷工比較傘運更為豐富，因為傘運的要求只是齋普選（只提出普選要求），而沒有社會經濟改革的視野。

省港大罷工是世界工運史上最長的罷工，長達一年四個月。它之所以能夠完全封鎖香港，既因為廿五萬工人萬眾一心，更因為其領導機關「省港罷工委員會」幹勁沖天，成為了半個工人政府（另一半是國民黨的廣州政權），行使了許多政府職能。為了達到從廣州封鎖香港的目的，罷工委員會下達禁運令，並組織水陸糾察隊攔截走私，同時為了照顧回到廣州的工人而組織了飯堂和宿舍等等。[1] 但是，如果沒有1922年的海員大罷工作為序幕，之後會有省港大罷工嗎？縱有，也不會是那樣的規模了。

---

[1] 鄧中夏：《中國職工運動簡史》（北京：人民，1953，第二版），第227-228頁。

1922年1月12日，香港海員工會宣佈旗下6,500海員舉行罷工改善待遇。殖民政府立即宣佈戒嚴。海員不為所動，繼續罷工，導致幾乎所有船隻無法入港，生活必需品立即短缺。不久，其他運輸工人響應罷工，罷工人數大增至十幾萬。殖民政府加強鎮壓，宣布封閉海員工會並拆掉其招牌。不過工人沒有投降，大家互相鼓勵：「頂硬上，兄弟，米俾人睇小！」。[1] 擔任調停人的東華醫院負責人此時勸告工會，不要要求政府交還招牌，因為事關政府面子。工會可以稍作退讓，把工會名稱改幾個字，便可能遊說政府取消封禁令。但罷工代表回答：「工會招牌，一字不增，一字不減」。[2] 於是罷工繼續，而香港面臨糧絕。罷工工人也生活困難，於是便發起「行路返廣州」（當時在港工人很多仍有家庭或親戚在廣州）。但數以萬計工人行經沙田時，卻被預先佈置的警察開槍射擊，導致死傷數百人。此事只刺激回到廣州的工人堅持罷工，最後殖民政府窮途末路，只好讓步，接受工人條件，同時送還海員工會的招牌。

吾友梁寶龍這本《爭尊嚴——海員大罷工史》對這個場面有很生動的描寫：

「當天下午港英把海員工會招牌送回去原址，許多工人得悉送回招牌的消息，一大清早就聯群結隊去到工會樓下（中環德輔道中137號三樓，今同文街對面）。

到了上午11時半從中環街市到永安百貨公司一段的

---

1 意思是「堅持到底，不要給人看輕」，鄧中夏：《中國職工運動簡史》（北京：人民，1953，第二版），第 60 頁。
2 鄧中夏：《中國職工運動簡史》（北京：人民，1953，第二版），第 51 頁。

德輔道中塞滿了人群，據《孖剌沙西報》（Daily Press）記者估計有一萬至一萬五千人左右，以萬人空巷來形容絕不為過。

下午2時半港英出動二十人，從中區警署取出中華海員工業聯合總會的招牌送抵上址。這個時候群眾響起了歡呼聲，震動整個中環。招牌被送到工會樓下，舉行了一個儀式，一萬餘人見證了這塊顯示工人團結威力的橫匾，被重新安裝在工會騎樓的外面。

附近店舖紛紛燃放炮竹致賀，上中下環荷里活道與堅道以上一帶住戶無不購買炮竹燃放，滿街都是爆竹聲有如過農曆年，街上行人臉帶笑容，這一區內的炮竹賣斷貨。」

殖民政府第一次遭到如此慘敗。

正是1922年海員罷工，鍛煉了工人骨幹，成就了後來的省港大罷工。這次罷工長達56天，把香港及廣州各個階層的人都捲入其中，從港督及其手下布政司，到代表東華醫院談判的高等華人盧頌舉，再到大名鼎鼎的工運領袖蘇兆徵等等，都在梁寶龍這本《爭尊嚴—海員大罷工史》，活靈活現，你方唱罷我登台，把一個下層階級的反抗運動寫得繪影繪聲。

共產黨在1921年建黨。1925年全國革命形勢出現，它便成為全國工運和農運的領導者。[1] 不過，省港大罷工很難說是完全由共產黨直接領導。按鄧中夏《中國職工運動簡史》，當時香港黨員不滿十個，根本沒有能力直接領導那麼大的運動。直接領導罷工的是全港工團聯合會以及罷

---

[1] 不過在國共合作下，共產黨人都是穿著國民黨外衣進行活動，表面上亦受國民黨領導。

工委員會，成員絕大部分都是工會成員，不是共產黨人。雖然如此，共產黨還是間接發揮領導作用，因為此前由共產黨所推動成立的中華全國總工會，對香港各個工會很有影響力。而且省港罷工委員會的委員長，就是共產黨人蘇兆徵，他是工運領袖的典範。雖然共產黨人發揮間接領導作用，但值得注意的是，當時整個運動本身是極為多元，有黨派的（共產黨人之外，就是國民黨），也有無黨派的，更有黃色工會也來參加，並沒有一黨獨大或者壟斷的情況。

正如1922年海員大罷工是省港大罷工的預演一樣，省港大罷工本身也是後來更波瀾壯闊的工運的預演。省港大罷工之所以提早結束，是因為全國革命高潮在1925年爆發後，1926年北伐成為另一高潮，很多罷工工人或參軍北伐，或以種種方式支援。上海工人更在1926年10月至1927年3月之間，三次起義並最後成功推翻上海軍閥，把政權交給北伐軍。問題是北伐軍在蔣介石領導下並不忠於民主革命。蔣介石很快便把槍頭指向工人，鎮壓所有社會運動，建立了國民黨一黨專政。

大革命失敗了。然後共產黨在蘇聯斯大林贊同下，幾乎完全撤出城市，跑到農村打游擊。從此，共產黨也改變了性質，從一個工人黨而變為農民為主的黨。物換星移，90年之後的中共，雖然已經當權70年，卻早已蛻變為工農的剝削者和壓迫者了，到處驅趕「低端人口」。中華全國總工會則成為資本與官吏的幫兇。一切好像是歷史循環，然而，真的純粹是循環麼？

就中共自己的性質而言，一百年的歷史的確像是循環—它推翻國民黨，只是成為新的國民黨而已。但從整個

社會經濟、階級結構以及文化角度看，卻經歷了翻天覆地的變化。中共早就恢復了資本主義，什麼「社會主義」和「工人當家做主」統統是謊言。不過，資本主義的發展有一個好處，就是它也必然發展出工人階級。一百年前中國的資本主義剛發展不久，工人階級只有三百萬，在全國人口只是個零頭。但是，現在中國已經有三億工人階級了，差不多是勞動人口的一半。香港的工人（以僱傭勞動為生者），更加佔勞動人口絕大多數。被踐踏的中國工人階級，近年來已經不斷發起抗爭，爭取做人的權利。香港工運雖然微弱，但是也間歇出現像紮鐵工潮和碼頭工潮這樣的大罷工。歷史再次呼喚工運。

　　香港雖小，只要懂得活用軟實力，仍然可以在反抗專制之中發揮重要作用。在這個歷史關頭，有志之士如果再讀中國與香港的工運史，定能從中吸取精神力量。梁寶龍兄這本書，沒有教條，沒有艱深理論，只有工人階級艱苦奮鬥、各個階級之間大較量這樣一種活生生寫照。

托派評論員

區龍宇

2018年8月14日

（編者按：本文原題是〈世紀前的香港民主工運——1922年海員大罷工的歷史意義〉，刊出時作出了改動。）

區志堅序

　　今天不少研究往往認為記據的歷史事件，是依作者主觀及已定框架書寫，史事成為表述工具。不能否認這種研究蒐集史料及書寫史事的觀點，但這樣只會否定史事的真實存在及研究學者的成果。若史學工作者藉廣泛閱讀，比較不同史料，細心考證，盡量不囿於表述框架，讓證據說話，這樣才能「究天人之際，通古今之變」，歷史研究成為史事「真實」呈現的載體。此外，史學研究者更有責任使到被忽視的史事和聲音，忽略的人物，得以呈現於世，史學研究工作者有責任為被忽略的群眾發聲，而研究工人運動也成為民發聲的重要課題。同時，自晚清至今，新史學的潮流乃是朝著「走向民間」、「聲為民開」，史學研究不只是研究知識精英，也要注意結合社會文化面貌，從民間的生活角度闡述不同階層的聲音。本人也曾研究香港的馬鞍山礦工生活，深深感受到在社會「發展」的要求下，不少礦工權益往往被忽略，他們只是爭取工人群體應有的「權益」而不是「利益」，他們在英佔時期的維護權益工人運動，卻誤認為只是一種抗拒港英政府管治的政治運動，甚至因此被港英政府予以壓制，然而，一些研究成果也認為這些礦工活動是工人政治運動，卻不站在工人自身主體性的立場進行考察。及後，本人因此再往歷史追溯，關注香港一地工運歷史，得知「香港海員大罷工史」的研究課題，也未能受到學者廣泛注意，其一是學界多關注「省港大罷工」，尚未注意「省港大罷工」的前奏「香港海員大罷工」史事及其對日後香港工運發展的影響；其二，雖

間有研究「香港海員大罷工」的論著，部份成果卻受黨派史觀影響，未能較客觀呈現史事。近年，得悉積極籌辦及協助工人運動的梁寶龍先生，早已對「香港海員大罷工史」展開研究，近日更完成《爭尊嚴——香港海員大罷工史》一書，本人十分感謝梁學兄邀請，給予〈序〉文！本人因此得以先閱作品，更感謝梁學兄身體力行，以參與工人運動的「在地」角度，引證史事，在客觀研究下，又能帶有感情，成功闡述史料背後的意義。

閱了作品後，既感受到寶龍學兄已盡力網羅中外史料，評論客觀，提出要從「爭尊嚴」工人主體性的角度，泯除黨派史觀，此觀點更值得表揚！不少學者已指出現時研究近現代中國史困難的地方，除了資料及檔案未能完全開放閱讀之外，更因海峽兩岸不同官方史觀，影響了史學工作者評論的公允，而寶龍先生《爭尊嚴——香港海員大罷工史》一書，成功脫離黨派史觀，客觀重研究史事，把歷史事情「重回」現場，引證作者所言：「一般論述香港海員的誕生都有以下的說法，外國資本主義的入侵促使中國自然經濟解體，破產農民和手工業者不斷流入香港，部份投身航運業成為海員。若以這個論述套入香港土生土長的海員身上，答案則完全相反」，作者客觀地，結合中外文獻及研究成果，指出研香港海員大罷工史，要從「香港土生土長的海員身上」，從廣東、香港及英國的國際政治氛圍，進行研究，並要注意香港海員所思所想，突破了「香港海員大罷工」的研究課題。作者也指出除了從民族主義的立場研究「香港海員大罷工」外，更要注意「罷工宣言力言爭人格，沒有提及政治」，也就是研究民國時期的工運，要注意工運發展過程，要注意分階段研究工運發展，不能只關注政黨涉入動員工人運動之中期或後期的發

展，提醒學者要注意「正本清源」，研究工運事件的孕育
期或早期發展之重要，早期一個工運的開展，主要是工人
自身維護權益的活動。本人閱了全書，深深佩服梁兄對課
題研究的深刻及洞見，更希望梁兄可以繼續從國際政治氛
圍，香港工人主體思想和待遇等多元化的角度，研究香港
工運史，使香港工人運動的面貌，得以客觀呈現，期望很
快閱到梁寶龍先生的研究成果。是為之序。

香港樹仁大學歷史系助理教授

區志堅 謹識

2018年7月10日

前　言

　　香港海員大罷工不論你定性為政治罷工或經濟罷工，都是為了爭尊嚴的鬥爭，政治上是爭民族尊嚴，經濟上是爭工作尊嚴，資本主義生產方式必然存在階級矛盾，資本家要求在工人身上取得更多勞動成果，工人努力保護自己免於過勞而死，當工人階級和資產階級的各自權益不能協調時，工人集體以罷工向資產階級的權威宣戰。

　　罷工是一種公開向權威挑戰的集體行動，以整體性的意識形態，統一的目標，團結和集體認同為基礎，用直接的破壞性行動來對抗權威，表示對原有制度不滿。

　　罷工權是人的天賦權利，人人有權拒絕在他們不喜歡的條件和環境下工作。罷工是一種集體行動，不是個人行動，由工會代表工人集體行使，故又可以稱為「團體爭議權」。當工人依法獲得的權益，在勞資初步爭議不能解決時，可用組織集體行動（包括罷工、怠工等）方式來進行自助性對抗，而這行動應享有不受到僱主懲罰的免責權利。罷工的力量就是來自這個集體行動的特徵。

　　罷工權與組織工會權和集體談判權合稱勞動三權，目前在很多國家的法律中得到承認。但在罷工這一點上，很多國家的法律在肯定普遍罷工權的同時，特別排除了特定行業人員（例如公務員、教師、軍人和一些公眾服務部門）的罷工權，或者要求其在罷工的時候維持最低服務水平。

　　海員大罷工的勝利表現在海員團結一致下，進而到全港工人大結團，才能積聚弱勢力量轉化為強大力量，折服

港英和資本家的強勢力量。

　　動念寫這本書已是五年前的事，原是公共圖書館網上可以閱讀《香港華字日報》，始覺罷工資料是如此詳盡，惜未有人整理，因此披甲上陣，把每日的資料抄錄下來，令工運幹部可以得知當年先輩如何指揮一場罷工，近百年前的罷工是如何民主運作的。

　　原計劃是把海員罷工的各種視野整理介紹出來，但多番閱讀《香港海員大罷工宣言》，捧讀《資本論》，及深入觀察近年香港的工潮，找出了一條中外工運脈絡，就是爭尊嚴。原設想的各方視野的問題，就請來五個方面不同背境的朋友來述說，包括香港工運的中流底柱海員工會、《香港工運史》著者周奕、托派評論員區龍宇、樹仁助理教授區志堅和年青左翼作家胡啟敢等寫序和跋，讓讀者以不同角度來思考海員大罷工。

　　龍少也曾在電影《消失的檔案》的座談會上，公開聲言，不要完全相信電影中的論述，各人要有自己的獨立思考，所以各位讀者也要獨立思考龍少和朋友們的論述，更歡迎公開批評和指導，或電郵：leungpolung@gmail.com　，來郵定必在網誌刊出。

第一章　　香港的航運業

二十世紀前香港航運業

　　香港地處中國南端，在亞太地區位置適中，是世界有名的天然良港，客觀上有利航運業發展。

　　有關香港航運業的最早文字記載，是公元五至八世紀時，《新唐書·地理志》記述香港屯門是緊扼珠江口的交通要衝，伊朗、阿拉伯、印度和東南亞等地商船雲集，然後北上經商，香港擔當補給站的角色。[1]

　　公元九至十一世紀宋朝時，香港已經作為廣州外港的角色。從現存的資料來看，香港是東南亞商船到中國必經之地。[2] 是時居住九龍彭蒲圍（今大磡村）的林長榮（？），一連幾代都以行船為生，他的孫林松堅（？）出海遇險，緊抱祭祀用的林氏大姑神主，安全脫險。後來林松堅兒子在北佛堂田下山半島立廟崇祀林氏大姑，[3] 林氏大姑就是今天我們所稱的天后。[4] 天后廟遍佈香港各地，據說香港船舶離港必到天后廟上香。

---

[1] 王賡武主編：《新編香港史》，上冊（香港：三聯，1997），第 32-33 頁。
[2] 王賡武主編：《新編香港史》，上冊（香港：三聯，1997），第 33-35 頁。
[3] 劉蜀永主編：《簡明香史》（香港：三聯，2016，第三版），第 010 頁。謝永昌著：《香港天后廟探究》（香港：博壹，2005），第 30-33 頁。
[4] 有關天后的傳說及節慶參閱《蒲台島風物志》工作組編寫：《蒲台島風物志》（香港：中華，2016），第 110-113 頁。謝永昌著：《香港天后廟探究》（香港：博壹，2005）。羅春榮著：《媽祖文化研究》（天津：天津古籍，2006）。

▲屯門后角天后廟。 （龍少攝）

林氏是鶴佬人，或稱福佬人，九龍城有福佬村道，是昔日鶴佬人聚居的地方。當時海運的工具主要是艚船，鶴佬的艚船船頭裝有兩個孔，所以廣東人稱之為大眼雞。分為烏艚和白艚兩種，烏艚船身髹上黑色，以運送食鹽為主；白艚船身髹上白色，用作捕魚和載貨。清初，鶴佬人在香港西部離島長洲建立墟市，進行商貿，十九世紀中有商舖二百多間。現鶴佬人婚嫁時仍進行水陸撐船的傳統習俗儀式。[1]

　　有關明清時的香港航運業資料，可參觀尖沙咀九龍公園內的香港文物探知館，館內可以看到大嶼山竹篙灣出土的明朝景德鎮瓷器，可證明當時許多商船途經香港。

　　十六世紀東來的葡萄牙人為了擴大活動，亦使用中式帆船，僱用閩南海員。1852年葡萄牙在台灣遇難的船上有80名中國海員。[2]

　　到了1661年（順治十八年）清政府實施遷界令，規定沿海地區居民全部向內陸遷徙，香港正處遷徙範圍，直到1669年才逐漸允許返回香港。遷海令期間沒有任何船舶到香港，復界後香港的補給站角色不再。復界後的1683年，英國東印度公司商船曾到大嶼山進行貿易，停泊了兩個月之久。[3]

　　自1806年（嘉慶十一年）起連續多年，東印度公司多次派測量員、水文地理專家在華南沿海，包括香港一帶洋面進行勘測，並繪製了香港地理圖。[4] 據1829年東

1　施志明著：《本土論俗》（香港：中華，2016），第208-221頁。
2　湯錦台著：《閩南海上帝國》（台北：如果，2013），第8-200頁。
3　余繩武等主編：《十九世紀的香港》（香港：麒麟書業，2007），第26-27頁。
4　汪熙著：《約翰公司》（上海，上海人民，2007，第三版），第225-226頁。

印度公司的調查記錄，香港港灣內至少停泊了 6 艘船，[1]
香港逐漸恢復補給站的角色。1830 年東印度公司邀請著
名水道專家詹姆士·霍斯伯格（James Horsbugh，
1762-1836）勘測了廣東沿海地形，在給外交部的報告
中，指香港海域是區內來往船舶之冠，香港西面的東博
寮海峽、東面的鯉魚門及港島南面的大潭灣，都是良好
避風港和船舶停泊的地點，新界大埔墟是良好的錨地和
避風所。[2]

　　這時航運是使用木製的帆船，由於帆船由風力推動，
所以出海航行受季氣風影響，每年4至10月藉西南季候風
由東南亞上香港，等到了11月至明年4月前藉東北風回
航。帆船每次遠航後需要花長時間泊岸維修，另外船東為
了平衡開支，又要等待收集了足夠的貨物，才願意回航，
所以來回一次需要很長時間。

　　1816年，英國派威廉·皮特·阿美士德（William Pitt
Amherst，1773-1857）率團來華要求通商，在赤柱停泊3
天。團員以文字記錄了當時赤柱的面貌，直指港島赤柱是
一個小漁村。[3] 當時港島北岸中環一帶陡峭而貧瘠，南岸
有漁村。這文字記載的小漁村不是指整個港島，東方之珠
由小漁村發展而來，或許來自這個美麗的誤解。

　　鴉片戰爭前夕，每年四五月英鴉片躉船會駛入汲水門
進行交易，於9月返回伶仃洋。[4]

---

[1]　廖樂柏著：《中國通商口岸》（香港：三聯，2010），第 175 頁。
[2]　何佩然著：《城傳立新》（香港：中華，2016），第 4 頁。張坤著：《在華英商群體與鴉片戰爭前的中英關係》（廣州：暨南大學，2014），第 144 頁。
[3]　區志堅等著：《改變香港歷史的 60 篇文獻》，第 27-15 頁。余繩武等主編：《十九世紀的香港》。劉智鵬等著：《黃竹坑故事》（香港：三聯，2015），第 18 頁。
[4]　余繩武等主編：《十九世紀的香港》，第 29-30 頁。

1841年英軍佔領港島，宣佈英《商航法規》在香港實施，[1] 香港為免稅港，港英着手設立有關管理航運的政府機關，成立船政廳，負責管理海港，以海軍上尉威廉‧畢打（William Pedder，？）為海事裁判司，香港的航運業繁盛起來。

　　1844年中英簽訂《南京條約》，中國開放五口通商，外商可以直接到中國東南沿海通商，香港的轉口貿易額放緩，直至1849年苦力貿易興起，香港航運業才止跌回升，參閱下表有關數據。

　　鴉片戰爭時，世界經濟處於自由競爭階段，英以香港為跳板把大量貨品輸入中國，同時在中國收購原材料和農產品，香港成為運輸基地，航運業日趨發達。香港開埠後，首先成為英軍後勤補給基地，吸引各地供應商雲集，發展倉庫、運輸業，是為為轉口港角色。

香港船舶入港統計表 (1842-1919)		
年份	船舶數	噸位
1842	381	130,000
1844	538	180,000
1848	700	220,000
1859	2,179	1,160,000
1860	2,888	1,555,645
1864	…	2,000,000
1867	…	5,730,000
1877	2,869	2,440,575
1884	18,304	4,614,955
1918	57,954	29,518,189
1919	51,977	21,062,714

---

[1] 王國華主編《香港文化導論》（香港：中華，2014），第3-4頁。

從上表可見香港港口的繁忙，十九世紀六十年代，香港進出口船舶的數量和噸位是四十年代的四倍以上。佔中國內地進出口貨值的四分之一，及出口貨值的三分之一，已取代廣州成為中國南方進出口貨物的集散地。[1]

但根據1847年的數據，香港貨物總額是226,130鎊，轉口到中國的鴉片佔了195,6245鎊，比例高達86.5%，餘下的13.5%是出口歐洲的茶葉和進口中國的洋貨。[2] 從這些數據可以推測，各大洋行的帆船多是滿船而來空船而去，航運業可以說是無利可圖，船隻進出香港並不是進行自由雙向貿易，而是單向為了出售利潤高的罪惡貨品——鴉片，若不是為鴉片利潤高，船隊可能早已解散了。[3]

從1841到1882年的38年間，港英動用一萬多鎊興建和維修碼頭。[4] 1845年港島建成3個渡輪碼頭，其中一個是怡和洋行（Jardine Matheson）在銅鑼灣東角建造的香港第一個深水碼頭。[5]

為了航道安全，港英於1873年開始興建燈塔，在港島東南的鶴咀半島興建鶴咀燈塔（Cape D'Aguilar Lighthouse，德忌立角）、港島東端小西灣興建黑角頭（Cape Collinson，歌連臣角）燈塔及港島西北的小島青洲上興建青洲燈塔。1888年與中國達成協議，在東南面的中國屬土蚊尾洲（Gap Rock）及西面的橫瀾島（當時尚未租借給英國）興建燈塔，作為東西面航道中最外圍的指

1　劉蜀永主編：《簡明香史》，第 064 頁。

2　馮邦彥著：《香港英資財團（1881-1996）》（香港：三聯，1996），第 26 頁。

3　黃兆輝著：《港產紳士》（香港：超媒體，2014），第 61 頁。

4　何佩然著：《城傳立新》，第 11 頁。

5　余繩武等主編：《十九世紀的香港》，第 212 頁。

引。[1] 這時港英已開始拍賣土地，洋行買地興建貨倉和碼頭，增設航運設施。

香港的定期航班始於 1846 年的省澳航線。[2] 到了 1847 年英資財團組成省港小輪公司（Hongkong and Canton Steam Packet Co.），開辦香港至廣州定期客運服務。1850 年美資福士洋行也派船行駛省港航線。[3]

第一家進駐香港的船務公司是英資半島東方輪船公司（Peninsular and Oriental Steam Navigation Co.），於 1843 年在香港設立分公司，半島東方輪船公司俗稱鐵行輪船公司或大英輪船公司，英文簡稱為 P&O，初期開辦歐洲至香港定期航班。再於 1849 年開辦上海、香港、廣州等定期客運服務，吐納北方貨客，後增加停靠福州、廈門和汕頭等地，增加客貨運輸量。鐵行之名因其在中環德輔道中 80-82 號之大樓，遊廊以鐵花欄桿圍護，故得此名，其位置即今中環街市。

到了五十年代，在滬港航線上，美商旗昌洋行（Russell & Co.）、英商顛地洋行（Dent & Co. 又稱寶順洋行、登特洋行）、怡和、德商禪臣洋行（Siemssen & Co. 又稱塞姆森洋行）和畢洋行（John Burd & Co.）等加入競爭。[4] 1854 年怡和經營印度加爾各答經香港到上海航線，1857 年禪臣經營廈門、汕頭航運線。[5]

---

[1] 李澤恩：〈萬山群島與香港關係〉，載香港歷史研究社編著：《鑪峰史研》，貳（香港：香港自然探索學會，2015），第 28 頁。

[2] 劉蜀永主編：《簡明香史》，第 065 頁。

[3] 盧受采等著：《香港經濟史》（北京：人民，2004），第 79 頁。

[4] 劉蜀永主編：《簡明香史》，第 065-066 頁。

[5] 濱下志武著：《中國近代經濟史研究》（南京：江蘇人民，2006），第 105 頁。

1856 至 1860 年英法聯軍戰役期間，以香港為中心的航運業一度停頓，但大軍雲集下，香港市面仍繁盛。及至簽訂《天津條約》允許英人到內地遊歷經商，迫使中國內地市場和航運權進一步開放，刺激了包括香港在內的航運和造船業發展。[1]

1854 年，紅巾軍響應太平天國在珠江三角洲起義，到達廣州附近，來往穗港的帆船差不多全部停頓，鐵行、英商磲乜洋行（Lyall, Still & Co.）、美商瓊記洋行（Augustine Heard & Co.）和旗昌等乘勢加入穗港航線業，而沿海省份交戰，減低五口通商對香港競爭壓力，香港航運再度繁榮起來。[2] 五口通商郵政支局成立，統轄於香港郵局，香港成為中國內河、沿海、遠洋各線輪船郵政集散地。[3]

至十九世紀六十年代以後，壟斷代替自由競爭，資本大量輸出，外商紛紛在香港、上海設立輪船公司，如太古洋行（Butterfield & Swire Co.），怡和更開設航行梧州、江門、三水等口岸的航線，廣東沿海以至西江的內河航運。英商德忌利士洋行（Dougls Lapraik & Co.）聯同鐵行等，組成省港澳輪船公司（Hong Kong, Canton & Macao Steamboat Co.），於1863年開闢香港至汕頭、廈門、福州定期航線，稍後增加台灣航線，[4] 太古也加入這航線的競爭。經營香港至國內內河航線共有13家輪船公司，旗

---

[1] 余繩武等主編：《十九世紀的香港》，第 240 頁。劉蜀永主編：《簡明香史》，第 072 頁。

[2] 盧受采等著：《香港經濟史》，第 94 頁。

[3] 余繩武等主編：《十九世紀的香港》，第 255 頁。

[4] 盧受采等著：《香港經濟史》，第 112 頁。劉蜀永主編：《簡明香史》第 072 頁。

昌、太古和怡和等把總部設在香港、上海兩地。更有6間英、美輪船公司開闢航線至中國內河沿岸城市和長江、珠江等流域。

1877年行走香港至廣州的定期貨運民船有20艘，分為4組，隔日開出。[1] 遠洋航線方面，英與越南簽訂通商條約，而菲律賓又開放3個商港，[2] 都有利香港航運業發展。1860年美資郵輪公司開辦新加坡至香港航線。此外，法資火船公司（Service Maritime des Messageries Impcriales, Marseilles）於1862年在中國開業，首設香港至上海定期航班，翌年開闢香港與歐亞多個城市的航班，在中國沿海口岸航行。[3] 帝國運輸海上服務經營馬賽航運線。[4] 1866年美國太平洋郵船公司（The Pacific Mail Steamship Co.）在香港和上海開設代理行，翌年開辦橫渡太平洋的香港至三藩市定期航班。在美國政府的資助下，該公司還大量運送華工赴美。[5]

到了1873年，東方澳洲輪船公司（The Eastern and Australian teamship Co.）經營日本橫濱、神戶到香港、菲律賓馬尼拉、澳洲墨爾本航線。[6] 1879年日本三菱汽船會社加入太平洋航線的競爭，開闢香港至日本航線，

---

[1] 〈粵海關年度貿易報告有關粵澳貿易史料〉，載廣東省檔案編：《廣東澳門檔案史料選編》（北京：中國檔案，1999），第220頁。

[2] 張曉輝：《香港近代經濟史》（廣州：廣東人民，2001），第84-85頁。

[3] 盧受采等著：《香港經濟史》，第113-114頁。劉蜀永主編：《簡明香史》，第072頁。

[4] 濱下志武著：《中國近代經濟史研究》，第106頁。

[5] 盧受采等著：《香港經濟史》（北京：人民，2002），第114頁。劉蜀永主編：《簡明香史》（香港：三聯，2016，第三版），第072頁。

[6] 盧受采等著：《香港經濟史》，第114頁。劉蜀永主編：《簡明香史》（香港：三聯，2016，第三版），第073頁。

並在香港設立分店加強競爭力，於 1884 年競爭失敗停航。[1]

1872年，清投資航運業，在上海成立輪船招商局，在香港設立分局，開闢定期航班行走上海、汕頭、廣州、香港之間，稍後遠至東南亞。十九世紀九十年代以後，中資紛紛在上海、廣州、汕頭開設小型輪船公司。

1880 年義大利郵船公司（Lloyd Triestino）開拓香港航線。1886 年北德意志公司郵輪由漢堡經新加坡駛到香港。1887 年加拿大昌興輪船公司（Canadian Pacific railway Co. & Steamship Co.）設立溫哥華至日本及香港之間的定期航班。[2] 1893 年日本郵船株式會社設立神戶、上海、香港、孟買航線。美國泛太平洋輪船公司（China Trans-Pacific Steamship Co.）和東西洋輪船公司（Oriental and Occudental Steamship Co.）加入經營香港到三藩市航線。1891 年加拿大太平洋鐵路公司開通香港至溫哥華太平洋航線。印度移民出國會先前往香港，再乘搭此航班前往加拿大卑詩省。[3] 太平洋航線開闢了新客源。

甲午戰爭後，日本郵船株式會社、大阪商船株式會社和東洋汽船株式會以台灣為基地，開闢華南沿海和北美的航線，都以香港為主要停泊或發船地。直至二十世紀初，日本在遠東的航運實力僅次英國，德國亨寶輪船公司（Hamburg-Amercika Linie）實力僅次日本，1895

1 趙雨樂等編註：《明治時期的香港日本人》（香港：三聯，2016），第 107-108 頁。
2 劉蜀永主編：《簡明香史》，第 073 頁。
3 王昺主編：《文化馬賽克》（北京：民族，2003），第 326 頁。

年德商在港設立捷成洋行（Jebsen Co.），開展遠東航運業務，行走香港至海南島及至越南海防。[1] 1888 年，香港華商成立省港澳輪船公司，經營香港、澳門、廣州之間的航線。

由於美國於 1861 年爆發內戰，截斷了棉花出口的渠道，歐洲紡織業商人跑到埃及、印度和遠東尋找棉花，助長遠東航運業。

進入十九世紀六十年代，香港航運業在苦力貿易刺激下，1854至1959年的5年間，遠洋航運平均每年增加噸位廿五萬噸，年增長率為68%。促進了旅店業興旺，金山莊、南洋莊誕生。香港成為華南貨物分配中心，中國四分之一進口貨物，三分之一出口貨物經香港週轉資金，並通過香港進行分配，大多數對華貿易公司都在香港設立總部。

在揚帆出海的帆船年代，海洋貿易完全受周期性的季候風影響。然而隨着蒸汽機性能提高，耗煤量減少，鐵殼螺旋槳輪船於十九世紀七十年代成為遠洋航運的主力，標誌飛剪船時代結束，輪船時代開始，汽船用機器推動，裝貨量大了一倍，速度更快。由英格蘭前往南非開普敦的行程縮少了 19 天。

美國工程師羅伯特‧富爾敦（Robert Fulton，1765-1815）於1807年設計製造的第一艘汽輪克萊蒙特號（Clermont）在紐約港下水。英國繼美國後製造出汽輪，從1811年起大量製造蒸氣機推動的鐵製汽輪，並且組成商

---

1 盧受采等著：《香港經濟史》，第 115 頁。劉蜀永主編：《簡明香史》，第 073 頁。

船隊，發展以汽輪為主，帆船為輔的航運業。[1]

汽輪出現初期，遠東航運仍是用帆船，因汽輪遠航沒有經濟效益。加上遠洋輪船停泊的港口，必須接近商業貿易中心，有適合落錨的硬質海床，以及可以避風的深水良港。十九世紀中葉廣東沿岸具備以上條件的，就只有香港。加上香港地理位置優越，得以一躍而成為航運業的樞紐。而澳門則缺乏以上條件，令汽輪入港困難，航運地位日漸落後。以香港為根據地的英資公司，目睹航運業獲利豐厚，紛紛染指輪船運輸及相關業務，開辦船塢維修船舶，如香港黃埔船塢有限公司及太古船塢及機器有限公司分別於1863年及1902年成立。香港船塢業務在中國一枝獨秀，更成為英商在亞洲最重要的航運投資之一。

1866 年港英通過《香港港灣及海岸條例》（一八六六年第六章），改變以往港口只設在維多利亞城內的面貌，令香港的貨物流量有所增加，從 1867 年起分別在香港仔、赤柱和筲箕灣增設港口之後，1874 年和 1888 年又分別在九龍油麻地、紅磡增設港口，1899 年再增設深水埗及大嶼山大澳的港口。[2]

1869 年，蘇伊士運河通航，主要適用於汽輪，使倫敦至印度孟買間航程縮減一半，香港至英國的航程由 110 多天減至約 30 天，因此輪船增加行走香港、上海、新加坡班次，新輪船公司不斷增加。同時中國通商口岸的增加，歐亞兩地的貿易快速擴展，為遠洋輪船整修的需求

---

[1] 盧受采等著：《香港經濟史》，第 75 頁。
[2] 姚穎嘉著：《群力勝天治》（香港：三聯，2015），第 84 頁。

亦與日俱增。歐洲對華貿易增長，加速航運發展。隨着航運業的擴展，對海員數量的需求也隨之增長。

在航運業的高速發展下，政府進一步完善海港基礎設施，在灣仔建立第一個公共貨倉。[1] 1874年，颱風襲港，令 185 艘船隻沉沒，做成四千餘人死亡，政府進行改善港口安全工程，如銅鑼灣的防波堤，興建維多利亞碼頭等。[2] 香港第一個公共貨倉企業香港貨棧公司面世，[3] 1886年九龍倉棧公司成立。

大東電報局在香港成立分公司，南通新加坡和歐洲聯繫，北通俄國和歐洲聯繫，於是印度、香港、上海、澳洲和歐洲聯成一氣，更有利航運業的發展。

進入二十世紀，香港發展成為英國海軍軍事基地和轉口貿易中心。1908年8月港督盧押提出燈塔稅（The Light Dues），向進港的內河船和戰艦以外的船隻收取稅款，獲立法局通過。又於1916年建成油麻地避風塘，以便集資興建避塘，當時香港只有銅鑼灣於1883年興建的細小避風塘。[4]

受第一次世界大戰影響，外資無力東顧華資乘勢而起，於二十年代初主要成立的船公司有省港線的粵航公司、澳洲華僑的香港新南海輪船公司、普泰、有成、志安、同安、源安、紹安、天和、廣東航業和巨利等，由國內航線拓到東南亞線，更逐步向外洋線擴展。[5]

---

[1] 張曉輝：《香港近代經濟史（1840-1949）》，第 102 頁。

[2] 王國華主編《香港文化發展史》（香港：中華，2014），第 204 頁。

[3] 余繩武等主編：《十九世紀的香港》，第 253 頁。

[4] 蔡思行、梁榮武著：《香港颱風故事》（香港，中華，2014），第 75 頁。

[5] 張曉輝：〈香港早期經濟發展中的海外華人元素〉，載《香港的歷史與社會研究》（香港：2017），第 54 頁。香港公共圖書館館藏有，可外借。

1917年港英實施封船政策，和成發船務公司的李子方（1891-1953）有見各船務公司各自為政，難以應付突發事件，於是發起組織香港船東保障會，並親自帶領同業向港英交涉，爭取給予特殊待遇。[1] 1900年香港有海員廿一萬人，當中在輪船工作的有近八千人，在中式帆船工作的有廿萬人。[2]

香港土生海員史話

一般論述香港海員的誕生都有以下的說法，外國資本主義的入侵促使中國自然經濟解體，破產農民和手工業者不斷流入香港，部份投身航運業成為海員。若以這個論述套入香港土生土長的海員身上，答案則完全相反。

香港九龍城衙前圍村的村民很多都是海員，而且一代接一代做下去。他們絕對不是破產者，而且有田有地，生活可以，但他們為何投身海員行列呢！

居住在衙前圍村的米農吳健民（1902-？）家中有數畝田，認為務農是非常辛苦的工作，無論是耕作屬於太公或者自己私有的田，都要自己親力親為下田工作，而且還要不分男女老幼全家總動員。農夫的生活一日共吃3餐飯，清晨一早太陽尚未出來，就要起床出外到田上工作，工作直至早上9時便在田間吃第一餐飯，然後繼續工作。中午12時烈日當空時在田間吃午餐，飯後繼續工作，直至下午三四時，日到西邊才回家。但仍未能夠休息，還要繼

---

[1] 劉智鵬著：《香港華人菁英的冒起》（香港：中華，2013），第 76 頁。
[2] 資料來自海事博物館說明展版。

續在家煮猪飼料，餵猪猥雞等，完成了這些工作才可以去洗澡、吃飯，晚上七八時始上床睡覺休息。

香港經濟的發展誘使衙前圍村村民外出工作，如吳送發（？）、李富（？）等見許多村民做海員，也跟着去行船。李富指出在船上做鏟煤炭的水手比務農舒適得多，至少有固定的工作和休息時間。如果在船上當待應，工作則乾淨簡單，不用風吹雨打，日曬雨淋。在這種情況下，新九龍不少農民都棄農轉工，不少人選擇出海當海員，留下田地由家中婦女打理，或租給外人佃耕，[1] 令到一些農村出現女多男少的現象。新界蓮蔴坑都有相類似的情況，村民不是去當海員而是到外國做海外僱員，所以婦女便成為村中主要勞動力。[2]

再看衙前圍村另一戶村民，吳楊桂嬌（？）家中的家公和丈夫都是海員，家庭總收入比務農多，餘下她和家婆、太婆等婦女一起耕田。1928年時一年有兩造米，頭造的收成已有 9 擔禾，足夠全家食用，家公月薪有25元，丈夫工資連小費月入有數十元，每月收入不俗，所以她索性將田租給族人佃耕，自己不必辛苦下田工作謀兩餐。田地的租金以每造的谷物收成多少來計算，佃戶與田主對分。[3]

香港自古至英軍登陸前都是以漁農經濟主為的地方，也有小量製鹽和制瓷手作坊，沒有商業活動，土生土長海員人數不多，而在水上生活的蛋家人，雖有部份從事

1　張瑞威著：《拆村》（香港：三聯，2013），第 144-116 頁。
2　阮志著：《入境問禁》（香港：三聯，2014），第 25 頁。阮志著：《中港邊界的百年變遷》（香港：三聯，2012），第 32-34 頁。
3　張瑞威著：《拆村》，第 116 頁。

水上客貨運輸，但稱不上是海員。

公元五至八世紀時，香港擔當遠東補給站的角色，但沒有留下有關土生海員的文字載述。[1] 我們可以到中環海事物館參觀，從展品中想像一下當年海員生活的情況。

公元九至十一世紀宋朝時，香港已經作為廣州外港的角色，九龍彭蒲圍（今大磡村）流傳一個林氏與天后的故事，正是宋朝香港土生土長海員的資料。當時香港是東南亞商船必經之地，我們可從宋朝海員的一般資料來理解當時香港的情況。宋朝時船隻的最高負責人是綱首，宋元時把運輸的一大批貨物稱為「綱」，如《水滸傳》的生辰綱，「首」就是這個運輸組織的首領。

綱首之下設有雜事，也叫事頭，負責處理船上各種日常雜務，可以說是一艘船的總管。元朝時稱為雜事的只是一般海員而已。

除以上職位外，尚有收放船錨的碇手，保管船上自衛武器的直庫，負責船上繩纜的纜工 ，負責船上木工的料匠，負責煮飯的廚師等。普通的船員稱為作伴，以5人為一組，結成互保，1人出事，餘下4人也要受罰。[2]

部領即是水手長，負責領導船上所有的水手，水手以甲為單位來編排。

負責掌舵駕駛船舶的是梢工，又稱為舵工、大翁、大工等，元朝散文家貢師泰（1298-1362）在《海歌十首》裏寫了一首詩來描述梢工工作時的情形：「大工駕柁如駕

1　蕭國健著：《香港古代史》，修訂版（香港：中華，2006），第 9-18 頁。
2　王杰等著：《航運史話》（台北：國家，2005），第 116-118 頁。

馬,一人唱歌百人和;萬鈞氣力在我手,任渠雪浪來滔天。」這首詩生動地描寫了海員齊心合力工作的情況。

在尖沙咀九龍公園的香港文物探知館內,可以看到大嶼山竹篙灣出土的明朝景德鎮瓷器,可知當時許多船舶途經香港,我們又再從明清時海員的一般資料來想像當時海員在香港的情況。

明朝初期鄭和(1371-1433)下西洋的船隊中,除軍隊和官員外,每艘船的主要負責人是火長,相當今天的船長,尚有操舵的舵工,負責控制船的航行方向;負責預報天文氣象的陰陽生、陰陽官;負責船錨起落的班碇。各類不同的工匠有:鐵錨、木艌、搭材等,還有水手、民梢等負責帆蓬升降、搖櫓划槳及日常活雜項工作。[1] 木艌是負責用石灰填補船縫的工作。

明清時船上的最高負責人是船主,又稱舶主、出海、管船等,相當今天的船長;船主之下設有財副,負責管理貨物交易和船上收支等事務;掌管船上一切雜務的是總管,又稱總桿。以下設有伙長,又名火頭,指揮操縱和駕駛船舶,下設操舵的舵工;負責整修船帆和帆索、懸卦旗幟的阿班,負責操控風帆繩的繚手,駕駛和維護救生艇的三板工,負責收錨的碇工,維修木器的桿工,負責祭神的香工,理髮師剃頭等。[2]

清末中國遠洋船的海員與資方不僅有勞資僱傭關係,同時又是個體合作關係,一船之長一般不領薪金,只在來往航程中預留有自己的100擔載貨重量的位置,還可

---

[1] 王杰等著:《航運史話》,第 74-75 頁。
[2] 王杰等著:《航運史話》,第 118-121 頁。

收受客艙搭客費用，另外在全船貨物貿易中抽收佣金約10%左右。火長在每一航程中薪金為銀幣200元，自載貨物重量50擔；財副薪金為銀幣100元，自載貨物量50擔；其他工作人員沒有薪金，大致舵工自載貨物重量15擔，碇工自載貨物重量9擔，水手自載貨物重量7擔。[1] 這個情況外國輪船也是一樣，傳教士馬禮遜（Robert Morrison，1782-1834）來華時的職位是東印度公司翻譯，也有一定自載貨物重量。

1661年（順治十八年）清實施遷界令，香港應沒有海員出現。復界後香港逐漸恢復補給站的角色，在香港活動的海員以外籍人士為主。

到了1860年以後飛剪船時代結束，用機器推動輪船時代開始，以香港為根據地的英資公司，紛紛在香港開設船務公司，招募海員，吸引了本土人加入。隨着香港經濟的不斷發展，吸引不少本土人加入海員行列，主要來自九龍城衙前圍、沙埔、侯王廟和宋皇台等地區。[2]

太平天國失敗後，各成員紛紛逃難南下香港，洪春魁（洪全福，1835-1910）在香港當海員，在廚房內任廚師潛伏。

除華人外，香港開埠初期早期尚有一批印度穆斯林海員，他們居住土中環些利街一帶。[3]

1 王杰等著：《航運史話》，第 171 頁。
2 香港海員工會：《歷史記得光榮的海員》（香港：香港海員工會，2013），第 10 頁。
3 陳錦榮等著：《認識香港南亞少數族裔》（香港：中華，2016），第 33-34 頁。

海員生活情況

二十世紀初，中國的海員人數約為十五萬人，其中受僱外資公司者有十萬人，當中寧波籍有四萬人，廣東籍有六萬人。中國海員大多從事低級工作，平均工資為20至30元之間，高於岸上同業水平，但是遠遠低於歐籍海員，加上中間剝削嚴重。辦館和包工頭是最大的中間剝削者，海員的包工制粵語叫做冼馬沙，英文是Shipmaster（船長）。

罷工前的《中華海員職工狀況之通告》指出：「輪船要僱用中國海員時（指水手、燒火、管事、廚子等）必先經過一般非工非商的所謂經紀人、包辦家、擔保家之手，由他們向船務公司包辦出來（實行獨裁職工的手段），凡中國海員停業者要謀工作，必須依從他們經紀人、包辦家所定的剝削、克扣、索取的定規，否則不能就業。海員等受此壟斷之苦，縱然心有不甘，亦不得不苟且從權。他所剝削克扣索取的手段與方法，亦分數種：有照職工的工資厚薄者，有分別航線或簽約職工合同長短以定克扣者，總計起來，每月每個職工最少被其剝削克扣二、三元。⋯⋯除此以外，尚有正式繳納寄宿的厘金或共同團體的經費等項，所剩餘的工資，確無幾何。⋯⋯須知現在中國人多，職業少，所謂人浮於事；⋯⋯又處於帝國政府之下，籌謀諸多不便，故迫不得已而暫且從權，⋯⋯。」[1]

輪船公司一般是通過辦館來招募海員，辦館是輪船公司的採購代理，辦館把僱請工人的工作委託行船館，又稱為包工館、館口、海員宿舍等，約有三種類型。

---

[1] 鍾點編：《香港海員大罷工》（廣州，廣東省總工會，1983），第 8-9 頁。

第一種叫洗馬沙館，由包工頭與船公司合夥設立的，包攬介紹海員工作。海員要求包工頭介紹落船工作，第一月工資便被全部尅扣，俗稱剃光頭。包工館不設食宿，另外還有各種名目敲詐項目。[1] 洗馬沙館有：吳寶泰、梁源和、包辦太古輪船的廣安、泰安、包辦荷蘭輪船的永泰和聯興、航樂別墅、慶樂、致中和、仁義和、榮安、人義和、義興閣、合安、德安、海安和全安等。[2]

第二種叫君主館或館主館，由一些與船公司有關係的人開設。凡經過他們介紹落船工作的海員，均要繳納一筆款項或贈送禮物作為酬謝。海員參加了該行船館，如遇經濟困難，館主可為他們提供食宿，落船工作後領取了工資才清還。君主館較大的有：善海閣、公安祥、天和、張義和、張勝和、聯興、順海閣、張林記、寶興、崇正公會、和義閣、張福順、瓊海閣、敍義、東義堂、同義堂、中興、萬合華、鄭維暖、施祖宋和萬里行等。[3]

第三種叫兄弟館，亦名民主館，由海員合股組織，是公共宿舍性質。兄弟館住館的海員一般是同鄉同宗，失業海員可住在館內，日後找到工作始償還食宿費用。自然比較公平；但海員多不識字，故必需請知識分子做館中管理人，此管理人積久則把持館務，從中漁利。兄弟館有：義和堂、群義、航樂別墅、仁義和、惠賢、海南宿舍、詠雅、雲林閣、蔡共和、榕廬會所、安瀾軒、泗和興、合義閣和

[1] 香港海員工會：《歷史記得光榮的海員》，第 100 頁。

[2] 方世林：〈省港大罷工前的香港海員〉，載廣東省政協學習和文史資料委員會編：《省港大罷工　港澳華僑史料》，第 3 卷 (廣州：廣東人民，2005)，第 188 頁。

[3] 香港海員工會：《歷史記得光榮的海員》，第 100 頁。

後來改為同鄉會的大鵬同鄉會、葵涌同鄉會等。[1]

兄弟館多按籍貫組合，如海南籍的瓊海閣，中山籍的群義閣，廣州籍的敍蘭閣，客家籍的敍蘭別墅，[2] 四邑三埠的談鴻別墅等，還有非君主館，非兄弟館的義和堂，是軍艦海員組織，尚有九龍館的息影。[3]

二十世紀五十年代香港尚有近百間行船館，1965年海員招募處成立，因法例規定不能有中間剝削，包工館無法生存下去，但館主館和兄弟仍聚集了不少海員，這些海員的家人都在鄉下，館口是他們回鄉和落船工作前的落腳點。[4]

談鴻別墅與日本郵船、東洋郵船公司等合作，提供海員供職西伯利亞丸、春洋丸、天洋丸、地洋丸、秩父丸、淺間丸等20多艘輪船，歐美輪船亦有，地址在中環荷里活道。第二次大戰時，日本各輪船公司船隻被日軍改為軍事運輸船，因而被盟軍擊沉，日本船公司生意一落千丈，談鴻別墅生意大受影響乃結業。順海閣以恩平縣海員為多，多數供職美國與加拿大溫哥華航線，及美國環球航線。恭誠海員多屬倉底行（燒火行），供職美國華僑的中國郵輪公司的奶路號（Nile）、南京號等。[5]

辦館指使包工頭去招募工人，包工頭收取半個月的工資作為介紹費用，海員上船工作後每月要交1元5角館佣，以支持行船館的日常開支，海員約滿放船後，行船館有責

[1] 香港海員工會：《歷史記得光榮的海員》，第 101 頁。
[2] 蔡榮芳：《香港人之香港史》（香港，牛津，2001），第 101 頁。
[3] 方世林：〈省港大罷工前的香港海員〉，第 188 頁。
[4] 蔡榮芳：《香港人之香港史》，第 100-101 頁。
[5] 黃朗正撰述：《聯義社社史》（香港，義聲，1971），第 79-80 頁。

任提供免費住宿，和重新代找新工作。香港共有行船館140多間，每間有海員數十人至一千人不等。所有海員都依附行船館，行船館大多以鄉誼等關係聚合成一個群體，由一個小把頭負責，以堂、館、閣、記來命名，雅稱為海員宿舍。[1]

一般來說，海員得到一份合約，除了給包工館介紹費外，還要給行船館的把頭或賬房先生孝敬茶錢。如果是一份較好的合約，或者是求職心切，難免要多付點費用，所以有些海員落船時第一個月薪金全部給了些中間人，俗稱剃光頭。[2]

辦館向下指使包工館來招工，收取佣金，向上則籠絡輪船公司，為了取得這些特權，辦館的一次孝敬費可能高達六千元，相當於當時三百名工人的月薪，辦館還不時向輪船公司出謀獻策，同時亦可為自己取得超額利益。[3]

中國海員與歐籍海員雖然做同樣的工作，並不能得到同等的工資，普通是10與2之比。一切待遇更是懸殊。譬如住房，歐籍海員一二人住一間房，中國海員則須五六人同住一間房；而且中國海員住房不是火艙附近，便是空氣與光綫不足之處。沿海內河輪船大半沒有海員住房，只能在貨堆上、通路傍、煤炭埋上當臥鋪。更遭凌辱打罵及罰款等酷虐待遇，不可勝計。

外國資本主義入侵中國，促使中國自然經濟解體，難以維生的農民和手工業者不斷流入香港，成為產業後

---

[1] 周奕：《香港工運史簡編》（香港：利訊，2013），第 13 頁。
[2] 周奕：《香港工運史》，第 27-28 頁。
[3] 周奕：《香港工運史》，第 28 頁

備軍，行船館有大批後備勞動力。船東與包工頭恃着有此經常性的廣大勞動後備軍，可以肆無忌憚的對在業海員施行無情的剝削。例如不願受此剝削，就把他們擠出輪船之外。在香港失業海員經常人數約有一兩萬人。海員失業後，就只有餓肚皮，睡馬路。

華人海員工作環境比白人海員差，幹最苦最髒的工作，在甲板上日晒月淋，風吹雨打，當燒火的則忍受高溫煎熬。當侍役的常受客人呵斥、打罵、侮辱，吃粗茶淡飯。到岸時，中國海員不能上岸。

輪船的燒火（加煤工人）每天工作八小時，間中要工作十二小時。貨輪的水手開航後每天工作七八小時，在開航和靠岸前數天則可能要工作十二小時。客輪侍應生則每天要工作十七八小時。海員沒有假期，有時船回到香港，如果貨量大也不能回家，要請替工才可以離開工作崗位。一年內可請假三至四天，總共不得超過十多天。[1]

---

1 劉明逵等主編：《中國工人階級歷史狀況》第一卷一冊（北京：中央黨校，1985），第 227 頁，引雁聲著：〈香港海員的勞動狀態〉，載《香江晨報》，勞動節紀念增刊《勞動號》（香港：1920 年 5 月 1 日），第 17-18 頁。

▲今天正在船上工作中的海員。

（盧舉賢提供）

到了八九十年代部份海員的工作情況仍如海上奴隸，且看海員羅世忠（？）他的工作情況，「我是做海員的，前前後後已走了23條船，我最後走的一條船是屬於丹麥船公司的，於90年8月啟程去美國，再由美國回香港。我是簽約做服務生的，服務人數最多13人，而且合約上寫明廚房工作不需要做，可是一上船後，船主就要我兼當二廚，每朝早煮早餐給船員及家屬吃，而且我服務的人數還遠遠超過合約寫的13人，我曾要求船主多派一名幫手，但遭船主拒絕。由於我怕我的『紅簿』（海員證）會有壞記錄，影響我日後出海工作，所以船主咐吩我做甚麼，我都say yes。但他們却當我奴隸，不但沒有發二廚的薪金，而且還扣了300個小時加班工作的錢。」[1]

罷工前香港的政經環境

　　第一次世界大戰英國是主要參戰國，香港也間接進入戰爭狀態，出口貿易扭轉過去數十年的升勢，掉頭向下跌。1914年全年進出口總額為22,069,874噸，1916年下跌至19,106,690噸，1918年更跌至13,982,966噸。1919年一戰結束，海上封鎖解除，航運暢通，歐洲百廢待興，日常生活用品需求殷切，香港再度發揮轉口港作用，香港進出口貿易速迅反彈，回升至18,474,996噸，到了1921年攀升至24,359,720噸。[2]

　　一戰後英國國內經濟萎縮，歐洲市場蕭條，中國成為英國海外貿易最重要的地區，香港作為英國拓展對華貿易

---

[1] 陳錦康等：《工殤》（香港：工業傷亡權益會，2001），第51頁。
[2] 鄭宏泰等著：《香港股史 1841-1997》，香港，三聯，2006，第136頁。

的基地益彰重要。日本、美國迅速崛起，加快對華經濟的滲透，打破英國獨霸遠東的格局，英國對華貿易排名由第一位下滑到第三位。[1]

一戰結束英國重返東方，匯豐更積極擴張業務。匯豐紙幣發行量：1912年為近三萬港元，1919年12月增至三千多萬港元，1921年12月更增加至四千四百萬港元。[2]

香港各銀行準備大展拳腳，匯豐於1922年盈利突破1,293萬港元，大連、煙台分行相繼開業。在上海購地建新銀行大廈，歷時兩年於1923年落成，耗資185萬兩。[3]東亞銀行於1921年增加資本至一千萬元，從置地手中買德輔道中10號建總部，於1922年在倫敦、紐約、東京、菲律賓、新加坡設立據點，計劃在廣州沙面購買物業展業務則不成功。[4]

地產方面，周壽臣等20餘人向港英建議，在黃竹坑發展別墅，佔地50多畝。1924年港英與周壽臣達成協議，以162,231元購入黃竹坑淺水灣第245地段（R. B. L.No.245），面積51.55畝，買家自行建一切設施，道路、水電排污等設備，興建20-40間西式別墅。同時，有歐籍人士計劃在石澳發展別墅。[5]1923年周壽臣又與李冠春（1887-1966）、李子芳（1910-1942）及簡東浦（1888-1963）、簡熾南（1908- ？）、郭幼廷（？）、黃錦英（？）、鄭華民（？）及凌禮（？）等集資，向庇理

1 張俊義：《二十年代初期的香港與廣東政局》，載：余繩武等主編：《二十世紀的香港》（香港，麒麟書業，1995），第73頁。
2 劉詩平著：《金融帝國》（香港：三聯，新增修訂版，2009），第109頁。
3 劉詩平著：《金融帝國》，第90-110頁。
4 鄭宏泰等：《香港大佬——周壽臣》，香港，三聯，2006，第133-136頁。
5 鄭宏泰等：《香港大佬——周壽臣》，香港，三聯，2006，第138-139頁。

羅士遺囑執行人購地，以三十四萬四千元購入羅便臣道地皮作發展用途，以五十六萬五千元購入堅尼地道地皮股東自住。[1]

1921年初港幣貶值50%，船公司自然提高運費，令物價上升，加上戰後租金大幅升脹，一般工人生活水準實難以維持。海員更不滿他們工作環境惡劣；工時長，平均工時在十二小時以上，有時甚至十七八小時：船上食住條件差；工資微薄，平均每月只得二至三十元左右；華洋種族歧視，同工不同酬，同樣工作的外籍海員比華人海員高薪四分之一。更令海員不滿的是，船公司在戰後已把外籍海員工資提升，令兩者差距更大。此外，許多海員對於辦館的包僱扣薪剝削不滿，亦要求改善。

在政治上出現英京粵三角關係，有時甚至是英京粵港四角關係。1920年10月粵軍驅逐盤踞廣東的桂軍出境，孫中山（1866-1925）離開上海南下廣州，重組廣州軍政府，繼續護法運動。於1921年1月照會北京公使團飭令將廣東應得的關餘立予攤分，公使團以關餘不能無意識之濫用，予以拒絕。對此，廣州軍政府以強硬態度相對，於1月21日發佈命令：「凡在軍政府所屬各省海關，須自2月21日起，服從軍政府之訓令，聽其管轄；但各省關稅仍照前儘先攤還外債，絕不欲稍有妨礙債權人之利益。」收回所轄地區海關的管轄權。

所謂關餘，是指海關稅收在扣除了以關稅作抵押的外債和賠款之後所剩的餘額。鴉片戰爭後，帝國主義列強通過一系列不平等條約，是時公使團已以保障債權國利益為

1　鄭宏泰等：《香港大佬——周壽臣》，香港，三聯，2006，第136-138頁。

名，攫取稅款的保管與支付外債權。從1916年下半年起，海關稅收在償付外債與賠款之外開始出現結餘，也就是關餘，到1920年，關餘金額已達2,235萬兩。從1917年開始總稅務司開始陸續向北京政府支付關餘，廣州軍政府要求分攤，爭取到13.7%，1919年廣州軍政府發生分裂，應得的關餘暫交總稅務司代為存儲。到1920年底，公使團不再同意將關餘攤廣州軍政府，因他們只承認北京政府。其後，總稅務司將全部關餘撥充內債基金，連廣州軍政府的關餘一併劃入，引發廣州軍政府的激烈反對與抗爭。

港英擔心關餘問題直接影響粵港貿易，以護關為名，派兩艘軍艦北上廣州，在西堤海關對開河面示威恐嚇。港督司徒拔（史塔士，Reginald Edward Stubbs，1876-1947）曾致函殖民地部，請求不要反對孫中山對關餘的要求，外交部官員認為，一個小小殖民地總督竟然插手國家對外政策，實在太出位，斥責了司徒拔，司徒拔改變姿態採用了外交部的路線。[1]

當時英承認北京政府為中國合法政權，不承認廣東軍政府，但為了商業利益在廣州設有領使館，港英則是下轄殖地部。北京領使、廣州領使和港督各自從不利益立場處理問題，有時同一問題意見分別很大，海員大罷工就是，廣州領使聽命於北京領使，意見較一致。英外交部認為廣州軍政府的行動有悖於其支持北京政府的政策，要求港英對廣州實施經濟封鎖，反擊廣州軍政府，殖民地部提出應先聽港督的意見。司徒拔與香港總商會秘密磋商後，向殖民地部建議封鎖廣州，爭取列強一致聯合行動，若香港單獨行動，勢將危害香港利益，其他列強定會從中漁利。廣

---

[1] 張連興：《香港二十八總督》（香港：三聯， 2012），第 220 頁。

州軍政府面對列強的強硬態度，宣佈暫緩接收海關。[1]

香港的工人狀況

一戰期間香港有多間工會成立，1917年，市政衛生局職工總會成立，「以舉辦慈善事業、聯絡感情、有互助精神、維護工友福利為宗旨。」[2]1918年10月，港九洋衣工會成立。[3]

一戰後香港社會已呈現多元複雜性，而五四斯間廣東及全國其他各地的罷工與杯葛風潮，助長香港工人的社會意識，強化政治覺悟。1921年機工罷工後，接着舉行罷工的有造船，木匠、水泥、木箱，煤炭，飲食業等，這些雖然是小規模罷工，但已顯示工人的社會意識已提高。在罷工浪潮衝擊下，工人自覺意識提高，紛紛組織工會，數月內，香港先後湧現120間新工會，其中81個是由工人組織的現代化工會，如：中華海員工業聯合總會（海員工會）、電車工業競進會（電車工會），香港洋務職工會（洋務工會）、協進工會、海陸群益工會、僑港中華洋務工會、摩托車研究總工會（今汽車交通運輸業總工會）等。廣州互助總社協助香港車衣工人組織車衣工會。[4] 新成立的工會屬女工組織有兩間。[5]

---

[1] 張俊義：《二十年代初期的香港與廣東政局》，第 76 頁。
[2] 張麗著：《20 世紀香港社會與文化》（新加坡，名創國際，2005），第191 頁。
[3] 《總工會介紹》載：http://www.waiu.org.hk/webpage/page01.htm。
[4] 中國勞工運動史續編編纂委員會編：《中國勞工運動史》，第 1 冊（台北：中國文化大學勞工研究所理事會，1984，增訂版），第 154-155 頁。
[5] 鍾點編：《香港海員大罷工》（廣州：廣東省總工會，1983），第 18 頁。

1920 年下半年，桂系軍閥被逐出廣州，孫中山從上海回到廣州重建軍政府。廣州成立了 80 餘間工會，當中女工團體 3 間，澳門亦成立 40 多間工會，廣東各鄉亦組織工會數十間。[1]

當時華人信差工資為六元，剛結束罷工的機器技工月薪由 30 元加至 39.75 元。[2]

1919年11月26日，外籍的航務機師會與中國沿岸船員會致函各輪船公司，要求各內河及沿岸船務公司增加海員和機師的工資，但不必與印度差拿公司、招商局、中國船務公司、省港輪船公司、德忌利士公司看齊，兩會代表同時提出以本港工資水平來計應加薪四成。加薪後的工資與上述公司比較，只達到工資的一半而已，亦不能與南洋各航線海員的工資相提並論，據薪金委員會所訂，若海員的薪金足夠供家庭的話，則月薪最少要有380元。而兩會規定凡輪船25噸以下者，船主月薪400元，機師月薪為船主的七成五，如輪船噸位超過25噸以上者，按比例增加工資。[3] 部份海員不支持罷工，因其每月花紅所得為數頗大，薪金亦優。[4]

12月5日下午兩會決定堅持罷工到底，因華人船東無答覆，船東會以現有船務情況欠佳為由，認為不能增加工資。兩會通知各船公司，12月17日前不答應加薪要求則罷工，將會影響食米和食物運來香港。[5] 船東說如果加薪只

1 鍾點編：《香港海員大罷工》，第 15 頁，引：《廣東勞工組合進步之速》，載：《民國日報》1922 年 3 月 19 日。
2 蔡思行著：《香港史 100 件大事》上冊，第 224 頁。
3 《華字日報》，1919 年 11 月 26 日。
4 同上，1919 年 12 月 5 日。
5 同上，1919 年 12 月 6 日。

有結業,指聘請一名英籍海員一年要損失八千至一萬元。英籍海員家屬多在英國,滙錢回國可賺匯水。華人船東放風說,可能會由掛英國旗改為掛中國旗。因不掛英國旗及不在港註冊,就可以任意聘請非英籍海員。[1] 華人船東果然有3艘船改掛中國旗。[2]

12月12日船員會提出由各方推舉評判員解決問題,若船東同意,會取消罷工。12月14日船東會答允如果業務好轉會加薪,同意推舉評判員,進一步提議如船員有困難願詳談解決。[3]

12月15日下午兩會決議罷工,[4] 12月19日有5艘船停駛,華人船東輪船一律停駛。[5] 12月21日罷工結束。[6]

這時新到港英籍警員30人,有26人對月薪90元表示不滿,他們在英國應聘簽約時,代理人表示到埗會加薪四成,現到埗後只加得一成五,港英表示不知代理人有此承諾。所以有8名警員上書申訴,總巡捕表示上任後會解決此問題。[7] 新到警員表示如得不到要求回英,港英表示不能加薪。[8]

海員醞釀罷工期間,1921年8月8日打石工人發動罷工,約有二三千人參加,要求加薪35%,不獲答允,警察部介入,以教唆工人罷工罪名拘捕兩名領導罷工的工頭。

---

[1] 同上,1919 年 12 月 8 日。
[2] 同上,1919 年 12 月 10 日。
[3] 同上,1919 年 12 月 15 日。
[4] 同上,1919 年 12 月 16 日。
[5] 同上,1919 年 12 月 22 日。
[6] 同上,1919 年 12 月 22 日。
[7] 同上,1919 年 12 月 5、9 日。
[8] 同上,1919 年 12 月 11 日。

8月13日石行東家要求華民政務司、總警司及工務司協助平息工潮,事件並無進展。8月18日在香港建造商會調停下,衝突得到緩和,開山工匠獲加薪25%,光面工匠加薪30%,工潮暫告一段落。1922年工潮再起。[1] 可見在生活壓力下,勞資矛盾一觸即發。

1918年8月日本為應付國內大米需求,四出搶購大米,導致香港米價暴升,苦力四出搶米。[2] 不過,港英一直沒有措施改善低下階層生活,結果就釀成一連串的大型工潮。

1920 年香港物價飛漲 50%,受生活所迫,香港華人機器會(簡稱華機會)率先於 4 月提出要求加薪 40%,同時將要求呈報華民政務司,遭資方拒絕。

4月1日,海軍船塢(位於金鐘)機工首先發難罷工,參加罷工工人除船塢、機器廠工人外,還有電燈、電話、纜車、電車、煤氣等公共事業,和太古糖廠、中華糖廠、制冰、牛奶、英泥等廠,共六千餘人。香港電車競進會響應華機會的罷工行動,向資方提出增加工資,改善待遇的要求,也發動罷工,得到資方全部答應改善。[3]

機工罷工後拉隊回廣州,返回廣州的機工有五千五百人。部份工人還帶同家眷,總人數多達萬人,中國機器總會 (簡稱國機)用濱江西路230號會所招待罷工工人食宿,又臨時租用紫洞艇(酒宴用船)數十艘靠在門前河面,供罷工工人為食宿之所,籌募罷工經費,全面支援罷工工

---

1 何佩然著:《築景思城》(香港:商務,2010),第 108-111 頁。

2 有關搶米事件請參閱梁寶龍:〈國際工運下的 1919 年香港搶米騷動〉,載梁寶龍著:《汗血維城》(香港:中華,2017),第 41-70 頁。

3 電車工會:《本會歷史簡介》,載:http://www.hktwu.org.hk/page3.htm。

人。罷工拖到第18日，水務工人亦醞釀罷工，華民政務司邀請羅文錦（1893-1959）律師出面斡旋，提出不分科別一律加薪32.5%，得到勞資雙方同意，罷工宣佈結束。這次罷工回廣州行是罷工致勝的關鍵原因之一，其經驗亦於海員大罷工中運用。

新文化運動在廣東傳播，新思想的報刊如雨後春筍，如《大同報》、《中華新報》和《國民報》等，宣傳馬克思主義、社會主義等，有利工人階級的自我覺醒。設在荷里活道的萃文書坊，專門出售新文化書籍，警員時常查禁干涉。萃文書坊生意仍很興旺，新書一到，讀者聞風而至，搶購一空。

1918 年保良局職員月薪金表[1]	
職稱	每月薪金
司事	36 元酬金
副司事	25 元酬金
高級管事	25 元酬金
教師	20 元
把門	15 元
高級訪事	15 元
管事	12 元
廚師	7 元
女傭總管	7 元
小使	4 元 5 角
雜工	4 元 5 角
女傭	4 元 5 角
訪事	2 元
清潔女工	2 元 5 角

---

[1] 魯言著：《六十年前的香港》，載：魯言等著：《香港掌故》，第 2 集（香港：廣角鏡，1979），第 172-173 頁，引：保良局：《徵信錄》。

司事、副司事、高級管事等高級職員的薪金稱為酬金，小使即信差。

保良局伙食，司事每餐1角5仙，女傭每餐4仙，男工每餐3仙，局內收容的女性每餐不足1仙。[1] 1918年物價：米零售價為每擔6元6角，即每斤0.066元，不足1角。柴每擔7角1仙，即每斤0.71元。[2]

1920年米由每磅5元漲到9元，房租每月從7元上漲到12元，柴每擔8角9分上漲到1元1角2分，生油每斤從1角8分上漲到2角分，土布和日用品等均漲價一倍，在這種情況下，香港工人以1妻1子1女連同自己共4人為1家庭單位計算，全家每月生活開支共56元以上，香港工人每月要賺取50元以上工資，全家才能在香港立足生活，每月要賺取20元以上工資，才可以寄錢回家養妻兒。[3] 社會上的低下階層飽受困苦。設定1913年生活指數為100，1921年時已是為140。

世界革命向東發展

1918至1921年歐洲社會黨紛紛轉為共產黨，無產階級革命出現高潮，共產國際認為資本主義已全面崩潰，無產階級必須在世界範圍內發動革命進攻，在各國建立無產階級專政，無產階級與資產階級最後決戰的時機已經到來。[4]

---

[1] 魯言著：《六十年前的香港》，第174-178頁。

[2] 同上，第173頁。

[3] 雁聲著：《中國勞動者第一次罷工的勝利》，載：《覺悟》（上海，1920年5月20日）。

[4] 黃宗良等主編：《共產黨和社會黨百年關係史》（北京：北京大學，2002），第64-66頁。

共產國際提出東方路線（有關東方路線會在闡述共產國際
與海員大罷工詳細討論），海員大罷工在這個背境下爆發。

　　除了共產國際把注意力放在東方，十九世紀末，美國
逐步由國內擴張轉向海外張，美國天主教加強了中國的傳
教活動。梵蒂岡亦關注中國，「第一次世界大戰結束的時
候，羅馬天主教似乎陷入了僵局。不僅讓基督教擴展了領
土，而且沒有對年輕的中國知識分子或者是本可以成為本
土神職的中國天主教家族的第二代和第三代產生足夠的
影響。」面對競爭，美國天主教瑪利諾傳教會加強對中國
的傳教工作。[1] 教廷和共產國際都不約而同把注意力集中
在中國。

　　1921年中國共產黨成，日本和韓國及亞洲多國也醞釀
成立共產黨，大力推動工人運動。香港曾有無政府義小
組，共產主義小組亦蘊釀中。

　　國際工運上，一戰後工運膨湃，進入二十年代轉為低
潮。1921年5月紐約船務工人罷工，商務團體預計約有水
手二萬人，別項工人一萬人離船。[2]亞洲的工人鬥爭不斷
增加。

粵港關係

　　香港和廣東有特殊的地緣和人緣關係，香港往華南各
地貨物絕大部份須經廣東分發，華南、西南各地土產也要

---

[1]　何心平著：《美國天主教傳教會與香港》（香港：香港中文大學天主教研
　　究中心，2011），第54-64頁。

[2]　《華字日報》，1921年5月4日，第2張3頁。

經廣東運往香港出口，香港控制了廣東的水陸交通、鐵路和能源等主經濟命脈。

一戰結束後，香港作為英國拓展對華貿易的基地益彰重要。日本、美國的崛起打破英國獨霸遠東的格局。

1921年9月新任美國駐華公使舒爾曼向國務院提交的報告，「廣東政府擁有無疑是中國最開明、最民主，也許是中國最有效率的省政府。」[1]

1921年華盛頓會議上中國提出要取銷和早日停止使用所有租借地，收回山東主權，表現出有決心取銷英屬新界、法屬廣州灣等租借地，會議雖然沒有討論新界問題，但中國政局的發展，民族主義高漲，越來越不利租借地的繼續存在。

世界民族解放運動高漲，法國聲稱同意撤出廣州灣，英國迫於形勢同意在集體交還情況下放棄威海衛，日本被迫同意交還青島膠州灣。英力圖避開新界問題，說新界應該繼續由香港管治，因沒有新界，香港就完全沒法防守。英得到列強支持。大會就新界問題只討論過1次，就不了了之。

由於當時的港英同孫中山領導的廣州軍政府關係十分緊張，廣州軍政府仍堅持廢止英資在廣東投資的卡賽爾合約，事情未能解決。孫中山對英國人說：「請他們到別處地方發財去，廣東的礦山，是留給廣東人的。」廢止合同決心堅決，此經濟糾紛未解決，另一政治糾紛接踵而來。

---

[1] 張忠正著：《孫逸仙博士與美國》（台北：廣達文化，2004），第378、356頁。

1920年10月粵軍驅逐盤踞廣東的桂軍出境，孫中山離開上海南下廣州，重組護法政府，繼續護法運動。1921年1月12日非常國會在廣州復會，於4月2日取銷軍政府，組織另一中華民國政府（以下稱廣東政府），於4月7日選舉孫中山為大總統，中國出現兩個中華民國政府，英國仍只承認北京政府。

　　列強對孫中山就職表現冷漠，一直不承認廣州的中華民國。港英認為廣東政局的變化對殖民地政府的統治不利，華民政務司於5月4日貼出中文告示：

　　「本司接總督口諭，據悉，近來一些居港或到港之不法之徒，欲勸說工匠、商人及其他人等集會，慶祝廣州成立之新政府。此屬誤導公眾，擾亂和平，凡守法之人定所痛絕，為維護社會安寧，自應嚴厲禁止。茲此通告如下：自本通告發佈之日起，倘有人膽敢違抗令，定將嚴懲不貸」。

　　華民政務司又於5月6貼出第二張告示：

　　「本司接總督令，近來本港有不法狂徒為孫文勸募款項，爾等香港居民須知，所募者並非公債，將來或將取消作廢，而孫文建設之政府，旦夕有破產之虞，故不能希望其能償付任何款項，特佈此告，以便本港居民明曉而不為所騙。」[1]

　　港英以「不法之徒」稱呼親國民黨人士，第二張告示從投資角度，指廣東政府的募捐不是公債，籲請市民注意投資風險，阻撓新政府的募捐活動。告示發出後，香港各

---

[1] 張俊義：《二十年代初期的香港與廣東政局》，第80頁。

工會多次密秘舉行集會，討論抗議港英這一告示的措施。在廣州謠傳港英將九龍租地擴廣到東莞石龍，並派軍艦協助桂系運送軍火，引致廣東群情洶湧。[1]

5月10日廣州工人四千餘人集會，決議向北京政府和英駐廣州領使提出嚴重抗議；工人並每月捐出若干工資支持廣東政府。一些工會開始採取報復行動，動員抵制英貨。[2]

5月13日，廣東政府照會英國駐廣州總領使傑彌遜，抗議港英禁止市民慶祝孫中山就任大總統和為廣州軍政府募捐，要求解釋。[3]

5月23日司徒拔回覆廣東政府，聲稱告示未經他批准和同意，對告示內所用的不禮貌措詞深表歉意。同時表示只是反對告示內的措詞，告示內容則完全同意；重申港英只承認北京政府，因此不能允許敵對一方在香港慶祝總統就職和募捐。[4]

5月24日廣東政府外交次長伍朝樞（1887-1934）致函英駐廣州領使詹姆士・威廉・傑彌遜（James Willam Jamieson，1867-1946），反駁司拔徒的說辭，指港英「干涉香港居民舉行慶祝活動和對本政府給予道義和物質上的支持，其行為明顯超過了英國政府所奉行的友好中立界線，屬公開的敵對行為。」希望港英取銷告示。傑彌遜認為司徒拔的舉動不得人心，使一向敵視國民黨的人也同情國民黨，認為取銷告示是明智之舉。香港英文報刊也對司

---

[1] 同上。

[2] 同上。

[3] 同上，第 80-81 頁。

[4] 同上，第 81-82 頁。

徒拔提出尖銳批評，認為港英的行為太過份。[1] 司徒拔面對各方反對壓力，恐怕事情惡化會影響商務，引來外交部的責問，派人將公告撕毀收回。[2]

面對中國政局的改變，英國不喜歡廣東政府和孫中山所提出的國民革命運動，但鑒於英在華南有巨大商業利益，和孫中山的影響力，公開反對孫中山對英不利。英對華政策是採取保持現有地位，維持列強勢力平衡，只承認北京政府、不承認廣東政府的「一中」政策，避免捲入地方紛爭。港英對廣東政府卻表現出相當的仇視態度，英文報刊經常攻擊孫中山和廣東政府，港督司徒拔對孫中山恨之入骨，渴望有人暗殺孫中山。[3] 英、美、法、日等列強分別支援與其親善結盟的皖、直、奉、桂等各派軍閥，承認北京政府。廣東政府未得任何外國承認合法性，故孫中山的大總統職務習慣上稱為「非常大總統」。

---

[1] 同上。
[2] 同上，第 82 頁。
[3] 同上，第 74-75 頁。

第二章　　海員大罷工

海員工會成立

　　早在 1914 至 1915 年，中華革命黨滿提高號
（Monteagle）分部部長陳炳生（1888-1984）與黃仲平
（？）、陳煥庭（？）等組織中華海員公益社，入會者基
金及月費全免，經費由船上海員提供給旅客的娛樂收入中
略撥少許充當，以購備各種中藥，以應海員及旅客所需，
特別是在滿提高號上設立中華海員中醫救濟所，暗中安排
中醫一名冒充海員隨船駐診，[1] 以方便工友及乘搭輪船的
華人，進而救濟失業工人等工作，工友回鄉發給卅元盤
川，身故者義演一晚籌款，將所得的一至三百元作殮葬
用。1917年改名為中華海員慈善會，在香港註冊，地址在
干諾道。一戰時海員走私嚴重，部份慈善會辦事者亦有參
與，影響會務。一戰後吸收三百餘名洋務工人入會，以維
持會務開支。[2] 中華海員公益社跨出地域範圍，具有全國
性行業工會的鄒形。

　　1916年，海員進一步在日本成立中華海員公益社通訊
處，陳炳生計劃在香港成立總社，在華民政務司署任職大
寫（主任的俗稱）的同鄉梁炳輝（？）建議，將公益社改

---

[1] 資料室：《海員前輩陳炳生先生與香港中華海員工會的成立對國內海員工
運的影響》，載：《香港航業海員合併工會年刊（1977）》（香港：香港
自由業海員合併工會，1977）。

[2] 中國勞工運動史續編編纂委員會編：《中國勞工運動史》，第 1 冊，台北，
1984，增訂版，第 90 頁。劉達潮著：〈香港中華海員工業聯合總會成立
的經過與海員大罷工的情形〉，載：中華全國總工會中國工人運動史研究
室編：《工運史研究資料》（六，總 18 期）（北京：1981），第 2-3 頁。

稱中華海員慈善會，以慈善名義較容易獲得港英批准註冊立案，結果順利於1917年註冊成功，會長為陳炳生。[1]

前香海員工會會長劉達潮（1885-1974）於1919年在加拿大皇后船工作時，組織了餘閒樂社。

海員由於的職業上的方便，每每運送人蛇偷渡到別處，尤以美國為甚，美移民局逐定下對策，凡抓獲一名偷渡者，處罰輪船公司五百美元，而輪船公司則把這項罰款轉嫁到船員身上，以薪金為保證，具名聯保。1920年榮利辦館向輪船公司提出代保制，要求海員每人每月向辦館繳交2元，款項在薪金中扣除。這個建議促到船公司接納，取銷聯保制。但這個建議却是剝削大多數守法的海員來支撐非法業務的，首先是日本皇后號海員提出反對，得到昌興輪船公司海員響應，華民政務司召集勞資雙方進行調解，最後以勞方無正式代表團體，會議無效，使海員深感組織工會的重要性。[2]

1920年9、10月間，寶泰辦館包工頭王德軒（？）、謝詩屏（？）與加拿大昌興輪船公司（Canadian Pacific Railway Co.）資本家、買辦勾結，取得昌興包辦僱工的權利，於是他們首先在從昌興屬下的滿提高號開始，要該船海員都加入寶泰，每人每水船要交4元給寶泰，海員堅決不允，結果二百餘人被開除。海員逐找中華海員慈善會出面交涉，但昌興指慈善會是辦慈善事業，工人並非由該會僱請為由，不與它協商，跟著昌興的日本皇后號到港，王德軒和謝詩屏到船上宣佈實行包工制，要海員加入寶泰，

---

1 資料室：《海員前輩陳炳生先生與香港中華海員工會的成立對國內海員工運的影響》。

2 周奕：《香港工運史》，第25頁。

每人每水船要上繳4元，該船海員一致反對。王德軒等宣佈開除全部海員，海員當場毆打王德軒等，然後離船。王德軒等找館口義和堂的翁嬌（？），要他代僱新海員。義和堂招來一批海員準備上船，海員慈善會成員便對他們進行遊說，勸喻他們不要受騙上船，同時警告翁嬌不要為虎作倀。這樣，日本皇后號的原來海員走了，新海員又招聘不到，輪船無法啟航，昌興為免耽誤船期招致損失，只好取銷由寶泰代僱海員的辦法。改由船長自行決定。船長於是把原來海員都招回來，日本皇后號順利開航。[1] 寶泰如此敲骨吸髓的苛例，既促成海員提出要求加薪，同時亦為寶泰的司理於海員大罷工期間帶來殺身之禍。[2]

　　海員反寶泰鬥爭取得勝利，但滿提高號的問題仍未解決，昌興仍不接受海員慈善會的代表人身份。[3] 堅持不下的情況，日本皇后號的海員公推陳祥（？）領導抗爭，聯名發通告呼籲，得到滿提高號海員響應，滿提高號海員大部份為為慈善會會員，遂在慈善會召集會議。[4] 聯請陳炳生主持交涉，佈置各種工作準備交涉，交涉無效後，陳炳生與楊秋（？）領導進行合法行動，經華民政務司召集勞資雙方調解，卒因工人無正式團體，工業行動以失敗告終。多數海員都感到無工會組織而吃虧的問題，認為有從速組織工會的必要，當時適逢港英放寬社團註冊條例，陳炳生等遂聯合義慶閣、瓊海閣、樂雅公司、慶樂山房、業安山房、廣義和、致中和、談鴻別墅、安瀾軒、陶義閣、

---

[1]　鍾點編：《香港海員大罷工》，第 15 頁。劉達潮著：〈香港中華海員工業聯合總會成立的經過與海員大罷工的情形〉，第 3-4 頁。

[2]　周奕：《香港工運史》，第 28 頁。

[3]　鍾點編：《香港海員大罷工》，第 15 頁。

[4]　中國勞工運動史續編編纂委員會編：《中國勞工運動史》，第 1 冊，第 145-146 頁。

和義閣、順海閣、聯勝閣、公安祥和義和堂等共20間行船館，發起組織中華海員工業聯合總會（以下簡稱海員工會），選出陳炳生、致中和代表翟漢奇（？）、廣義和代表羅貴生（？）、義和閣代表鄺達生（？）、樂雅山房代表林偉民（1887-1927）、滿提高輪代表陳一擎（？）和群義閣代表馮永垣（？）等7人為常務籌備員，翟漢奇建議各行船館借出20元為籌備費用，立即進行招集會員，並向華民政務司署註冊。[1]

3月6日（農曆正月28日），海員工會在會所舉行成立大會，來賓及各宿舍代表共二百餘人出席，由新智學校洋樂隊、詩歌班到場表演助慶。首先由主席陳炳生宣佈開會，陳錦棠（？）、莫全（？）、楊秋、孫汝南（？）和林偉民等先後發表演說，各人都指出工人團結的必要性。[2]

海員工會主事者多為國民黨黨員，海員工會的名稱更是由孫中山所命名，海員工會成立典禮，孫中山還派眾議員王斧（1880-1942）為代表，到港出席大會並主持揭幕。海員工會主席為陳炳生、副主席為蔡文修（？），司理為翟漢奇、司庫為羅貴生，交際為林偉民、鄺達生、調查為馮永垣，中文秘書為陳一擎，英文秘書為鍾筱朋（？），會員有二千餘人，[3] 會址設在中環德輔道中137號3樓。[4] 海員工會既名「中華海員工業聯合總會」，表

---

[1] 周奕：《香港工運史》，第 25 頁。資料室：《海員前輩陳炳生先生與香港中華海員工會的成立對國內海員工運的影響》。

[2] 《華字日報》1921 年 3 月 7 日，第 2 張 2 頁。

[3] 中國勞工運動史續編編纂委員會編：《中國勞工運動史》，第 1 冊，第 146-147 頁。

[4] 《華字日報》1921 年 3 月 7 日，第 2 張 2 頁。中國勞工運動史續編編纂委員會編：《中國勞工運動史》，第 1 冊，增訂版，第 146-147 頁。

示為服務全中國海員的組織，不只是香港一個地方的工會，而是中國的全國性海員工會，所有航行於海洋、內河的大小船舶的海員，都歸海員工會管理。因此海員工會除了在香註冊立案外，同時亦在廣州軍政府內務部註冊立案。[1] 並向英國申請立案，此說有人質疑，但支持者未能出示有力證據。[2]

海員工會的成立，把分散在各行船館的海員集中起來，凝聚成一股力量，是香港史上最重要的民間組織，帶領香港工運前進，推動中國工運的發展，具有火車頭作用。

1921年5月17日海員工會幹事部會議上，鄺達生再一次提出加薪的議題，何蓋民（？）拿出一千元出來，然後說，這是我收集到海員的捐款，用作爭取加薪的開支。海員以實際行動迫使幹事會作出決定，向輪船公司提出加薪，同時又提出工會有職業介紹權，和有權監督僱員合約的簽訂。幹事會即塲通過向船公司提出加薪要求，接着按民主程序，向各會員進行徵詢意見，以作最後決。[3]

6月4日海員工會進一步運行民主程序，召開幹事部暨全體會員大會，討論要求增加工資的問題，會議通過向船公司提出要求增加工資，為具體落實要求加薪行動，組織成立海員加工維持團，負責研究要求加薪後，所發生的各種問題和應付辦法，召集人為譚華澤（？）和陳劍夫

1　鍾點編：《香港海員大罷工》，第 16 頁。中國勞工運動史續編編纂委員會編：《中國勞工運動史》，第 1 冊，第 146-147 頁。

2　鍾點編：《香港海員大罷工》，第 16 頁。

3　周奕：《香港工運史》，第 27 頁。鍾點編：《香港海員大罷工》，第 19 頁。

（1891-1928）。[1] 海員加工維持團由海員工會幹事部及會員推選正副主任，每月逢星期一、三及五開會商討有關問題。維持團內部組織嚴密，設有：勸進、交際、代表、調查、疏通、文書等各部門和宣佈員、中西文書記等，各成員專責主持加薪事務，不得參予其他事務，分工合作，主任為譚華澤。[2]

會後，加工維持團散發《海員加工維持團宣言》（詳見下文），解釋要求加薪的原因，以基本人權作號召，強調海員團結一致的重要性，提出「今日的潮流，工團組織，預備將來勢力雄厚，一舉而把自己固有的人權和幸福，完全取回自己享受。」同時派發《工人生活（調查）表》及加薪要求條件等，請各海員填報和討論，並派人到各港口的各輪船報告工會現況，及罷工準備情況。

海員加工維持團宣言

國之所恃以維持，人群之所恃以進步，種族之所恃以保全者，其惟社會之潮流乎。夫社會的潮流，如日月經天的，如江河緯地的。我國數千年以來，凡賢愚婦孺，咸知為團結大本的了，團結的思想呢，即今日社會的主義啊。往日團結的思想，只謀一家一鄉的範圍，故有一團和氣之稱的嗎；而今團結的潮流，達出社會的名目。噫，人類的進化，此其時也。然則社會的主義，是什麼樣呢，聯絡感情的，研究工藝的，維持生活的，就是社會用功的嗎。所以今日社會的潮流，工團組織，預備將

---

[1] 周奕：《香港工運史》，第 28 頁。
[2] 鍾點編：《香港海員大罷工》，1983，第 95-99 頁。

來勢力雄厚，一舉而把自己固有的人權和幸福，完全取回自己享受。有等還是不知工團是甚麼一種東西，佢們腦力單簡的，仍是一種舊式的思想，（各人打掃門前雪，休管他家瓦上霜），咳，這的思想，非是今日競爭的潮流了。你們知道現在呢的黑暗世界的嗎，百物騰貴，租項日增。試問你們工值的幾何呢？日常衣食住的用途幾何呢？請諸君把預算細想想的啊，若是工值不敷用途，你們將舊式的思想，又怎麼樣來設法維持的哩？呢、呢、呢，孤掌難鳴，獨立難持，必須合力互助，而後眾擎易舉的嗎。是以社會的主義，先要聯絡感情，凡屬同業的人，一致加入，組織到一個完全團結的基礎，互相吸引，互相提攜，集思廣益，研究工藝的進步，交換知識，興除工人的利弊。至於生計問題，尤須竭圖維持，補救我們工人目前衣食住之欠缺。故此今日各的工團，睹時局之維艱，憫同業之痛苦，要求加工的，縮短時間的，鬧的天翻地覆了；惟獨我們海員工值，依然如故，可不痛恤的嗎。因此本會經五月十七日開幹事部會議，由多數提出要求加工問題，公同表決，曾派出第一次通告書的嗎。續後六月初四日開幹事部及同人大敍會，討論要請加薪的辦法，已經組織一個加薪維持團，各具毅力，分負責任，協力舉行。但進步之有成效與否，全看人才多少為定，所以現在由幹事部各選代表，及熱心同人，集合一班幹事的人才，希望此後為極速的進步。我們同業的工人啊，須當猛省的覺悟，急起直追，切莫遲疑觀望，自餒其氣的了。請看現在的世界，是工人的自由世界，還是專制魔力的世界哩。哈，哈。（第二次通過）

　　茲將舉行則例附如左

一（定義）　海員加工維持團。

二（宗旨）　依據本會章程第三條研究工藝維持生為宗旨。

三（服務）　由本會幹事部各部選派代表及本會同人分負責任協力進行。

四（職員）　凡屬本會幹事部及同人公共推舉（正副主席各一名），（中西文書記各二名），（宣佈員二名），（勸進交際調查代表疏通部長各一名），（幹事員無限）。

五（議期）　準期每月逢星期一、三、五晚七點開會至九點鐘畢，會員凡被推舉為幹事職員者須當依時蒞臨莫虛其位，有忝厥職。[1]

加工維持團組織成立徵求隊、勸進隊、宣傳隊、防護破壞罷工隊、交通隊以及各種秘密機關。為了避開耳目，排除干擾，秘密機關設在在王全賢（？）的猪肉店。

在醞釀罷工時，海員工會骨幹在某咖啡店舉行了一個會議，有人主張在船上罷工，有人主張在岸上罷工，也有人主張回廣州罷工，多數人贊成回廣州。

罷工前夕，海員加工維持團到廣州向國民黨黨政當局報告，籌備罷工後返廣州的食宿安排。國民黨派馬超俊（1885-1977），廣東政府派政務廳長古應芬（1873-1931）與海員加工維持團保持聯繫，全國機器總會董事局長黃煥庭（？）、廣東互助總社社長謝英伯（1882-1939）出面

---

[1]　〈海員加工維持團宣言〉，載：鍾點編：《香港海員大罷工》，第 94-95 頁。

全力協助收容和給養後勤工作。[1]

馬超俊是台山人，赴美讀機器專門學校，參加反清革命，在香港當機工，聯絡機工參加革命，鼓勵機工組織中國研機書塾，1920年機工大罷工是馬超俊安排廣州食宿。有關謝英伯與海員大罷工的關係詳見下文闡述。

海員工會參照機工罷工返廣州先例，安排罷工海員返廣州，一來可以避開港英和船公司的壓力，同時又可以得到廣州方面的支援，較易解決罷工後的生活問題。罷工前，海員工會致電廣東省海員工會，選擇地方蓋建蓬廠多座，約可容納千餘人，以備罷工海員回省時居住。並購備兩個月糧食，解決罷工海員一日三餐問題。海員工會更購買一批回廣州火車票，派給罷工海員每人一，[2] 尚有每人每日4毫5仙到1元的生活費。[3] 安排海員工會領導人陳炳生、翟漢奇、林偉民等留港繼續發動罷工。

海員工會在廣州設立海員罷工總辦事處，作為罷工的總指揮部，總務科主任為蘇兆徵（1885-1929），下分總務科、財政科、糧食管理處、糾察隊、宣傳隊、慰問隊、騎車隊、招待處等。海員罷工辦事處在廣州聯興街預備20間宿舍，[4] 並在香港、汕頭設立罷工分辦事處。海員罷工總辦事處由海員工會幹事部負責。[5]

---

[1] 中國勞工運動史續編編纂委員會編：《中國勞工運動史》，第 1 冊，第173頁。

[2] 《華字日報》1922 年 1 月 14 日，第 1 張第 3 頁。

[3] 《華字日報》1922 年 1 月 14 日，第 1 張第 3 頁。

[4] 盧權等：《蘇兆徵》（廣州：廣東人民，1993），第 69-70 頁。盧權等：《林偉民》（珠海：珠海， 2008），第 63 頁。

[5] 鍾點編：《香港海員大罷工》，第 22 頁。

另一方面，還聯絡外國海員和香港其他運輸工人，要求援助，著手募集罷工經費。建築商人楊西岩（1868-1928）先行資助港幣三千元，於罷工期間，楊西岩總共捐出逾萬元，[1] 主要用作伙食。

9月，海員工會正式向資方提出三項要求：

1. 增加工資，要求工資10元以下的加50%，10-20元加40%，20-30元加30%，30-40元加20%，40元以上者加10%；

2. 工會有介紹海員就業權；

3. 工會有權派代表出席監督僱傭合約簽訂。[2]

聲明限資方在兩個月（60天）內答覆，可是各船公司不予理會。聲明以60天為限期，是方便部份代理請示在海外的總公司。

海員工會聘請希士庭律師樓奇魯（？）律師辦理有關事宜，[3] 海員工會運用港英的辦事方式，聘請律師來處理來往文件，而且這些文件全是英文，交由律師處理有利文件的往來，完全依據港英的既定程序，依法進行合理鬥爭。

海員工會動手組織了20組糾察隊，每組10人，準備隨時行動。[4]

---

[1] 中國勞工運動史續編編纂委員會編：《中國勞工運動史》，第 1 冊，第 162、179 頁。

[2] 鄧中夏：《中國職工運動簡史》，載：鄧中夏：《鄧中夏文集》（北京，人民，1983），第 462 頁。

[3] 《華字日報》1922 年 1 月 14 日，第 1 張第 3 頁。。

[4] 周奕：《香港工運史》，第 29 頁。

11月26日海員工會再次向船公司提出加薪要求，限期4個星期內答覆。各船公司亦不予理睬。

11月27日海員工會兩度致函香港中華總商會」（以下簡稱華商總會），請求出面斡旋，華商總會覆函表示沒有受到對方委託，不方便出面。[1]

11月下旬，海員工會召開同人大會，發出信件：「僉謂近日本港百物騰貴，同人月中所得難以仰事，府畜因預算每令會員養家及本身費用至少須20元，惟以會員普通大機而論，每人約得22元左右而已，故決議由本月26日起函達各西人船務公司，請求加金者。

（甲）會員每月有30元以上薪金者一律加三成；

（乙）會員30元以下薪金者一致請加四成。」[2]

信件發出後，只有省港澳輪船公司覆函，表示接到來信，公司職員已極留意討論，有機會必定會答覆。[3]

這時各輪船上的歐籍海員工資又增加了15%，而華籍海員的加薪要求卻被擱置之不理，因此更激發了海員的公憤，決定用強硬鬥爭手段來達到要求，泛起要求迅速罷工。[4]

外資船東指海員工會只有會員八九千人，而香港海員總數達三萬餘人，海員工會不能代表全港海員。海員面對外資船東的輕侮，紛紛加入海員工會，海員工會人數突增

[1] 周奕：《香港工運史》，第 28-29 頁。
[2] 《華字日報》1921 年 12 月 2 日，第 1 張第 3 頁。
[3] 《華字日報》1921 年 12 月 2 日，第 1 張第 3 頁。
[4] 鍾點編：《香港海員大罷工》，第 21 頁。

至二萬餘人。[1]

是時，某字號行船館與太平洋水師船務公司合謀壟斷僱傭海員，準備訂立合約，出價八萬元承包負責招聘奇士東士號全部海員，原船上舊海員全部由太平洋水師船務公司辭退。某行船館所僱海員每月10元須扣除4元給承辦人，被辭退的海員憤憤不平，向海員工會投訴，海員工會召開同人大會商議，決定派出4名代表謁見太平洋水師總司理，講述利弊，說服太平洋水師取銷與某字號所訂合約，聘請原來船上的海員回船工作。[2] 海員工會在爭取權益上發揮了一定作用，更得到海員的支持，團結一致，共同奮鬥。

罷工開始

海員工會自第一次致函船公司，要求加薪已兩三個月，船公司一直不瞅不睬，拖延至踏進1922年。這樣海員工會出現兩派，以蘇兆徵、林偉民為首的激進派，認為兩次去信已是仁至義盡，倘若工會不採取行動就沒有威信；而以陳炳生和翟漢奇為首的溫和派，則認為應繼續盡力爭取談判解決。[3]

為此海員工會亦多方設法找尋出路，致函華商總會請求出面斡旋，但遭拒絕。[4] 華商總會拒絕斡旋，顯露中外資本家階級利益一致，站在同一陣線上，香港勞資對立的

---

[1] 《華字日報》1922 年 1 月 16 日，第 1 張第 3 頁。
[2] 同上，1921 年 12 月 2 日，第 2 張第 3 頁。
[3] 周奕：《香港工運史》，第 29 頁。
[4] 蔡榮芳：《香港人之香港史》，第 112 頁。

階級意識逐漸分明

　　1922年1月1日新的一年開始，是日為星期日，農曆辛酉年十二月初四日。

　　激進派認為至此就應當採取行動了，海員工會決定將於1月9日發出24小時最後通牒，並印製大批《罷工宣言》及《停工規則》，大罷工如箭在弦蓄勢待發。

　　就在這時，有人暗中把這個消息通知華民政務司夏理德（Edwin Richard Hallifax，1874-1950）。[1] 夏理德得悉海員工會準備罷工的決定後，立即召集勞資雙方舉行會議，這樣海員工會就暫停了發出最後通牒。勞資會議上，資方看不起工會，質疑工會的代表性，質問工會有多少會員，有沒有福建籍會員等問題。航運界眾所週知，福建從事海員的人數不多，這個問題實際是揶揄海員工會沒有實力。

　　工會的實力就是會員人數，儘管工會的會員人數並不是該行業的大多數，只要它的主張得到該行業的大多數工人接受，這主張一定得到大多數的支持，這是香港工運的特點，而且為後來多次工潮所證實。[2]

　　勞資談判進行了3個小時沒有寸進，甚至沒有訂出下次會議日期就結束，但是溫和派仍對會談存有幻想，會議後仍繼續去函怡和和太古兩間大輪船公司，略加壓力，催促從速答覆工會的加薪要求。信件說：「刻將星期一會議時所提各問題之覆文夾呈尊覽，敝會員堅持從速解決現局，務請賜以切實答覆，敝會代表願與貴公司於明日下午

---

[1]　周奕：《香港工運史》，第 29 頁。
[2]　同上。

會議此事，惟奉各會員命不許至別日。」[1] 溫和派在會員的壓力下，亦恐加薪要求被會議拖延下去，得不到解決。

海員工會為罷工作出準備，致函上海的中華全國工界協進會等工團，爭取支持，指出「航界工值低微，已向船東要求，或要停工解決，望貴埠同業相維持，若達加工目的，中華全國工界光榮，倘船東向貴埠請人來港，勿受其愚。」[2] 通知上海同業，香港海員工會已向資方提出加薪要求，並且可能會發動罷工，要求上海工人給予支援。特別囑咐他們，倘若香港船東在上海聘請海員來港工作，應站在中國工人立場上，不要進行破壞，受僱來港工作。工會視爭取加薪成功與否，為「中華全國工界光榮」的事，不單止是香港海員的事。海員工會是全中國海員的工會，其行動亦可算是代表全國海員。

海員工會給船東的信略加壓力，各大船公司開始有所反應，齊集會議，一致決定各公司各自與自己屬下的海員接洽，商談解決加薪問題，企圖以逐個擊破方法，來瓦解工會的團結一致行動。華民政務司據此發出通告：

「民政務司夏　為通告奉照得華人船員請求加工事宜，現經各有關係之船務大公司於本日敍會表決，同意各與其本公司所轄船員直接磋商以期暢曉其中實情，並將各船困難之處妥為調處。

此佈

1　《華字日報》1922 年 1 月 13 日，第 1 張第 3 頁。
2　《華字日報》1922 年 1 月 17 日，第 1 張第 3 頁。

一千九百廿二年一月十二日」[1]

到了1月12日早上9時，陳炳生等在海員群起質詢的壓力，於是請律師按照國際慣例，向船公司發出加薪要求最後通牒，限令船東在24小時內答應加薪，否則一致罷工。[2] 並將行動照會港英。

中午船公司一心以為，工會來函寫明有 24 小時期限，並不是即時罷工，認為晚上的輪船尚可開航，沒有即時處理，依然處之泰然。怎料激進派海員急不及待，聯群結隊到工會鼓噪，質問陳炳生等為何辦事遲緩，拖延日久。

陳炳生等回答說：「我們已經要求船公司在 24 小時內答覆，如果明天早上 9 時東主仍然沒有回音，我們立即全體罷工。」

激進派認為工會已經三番四次致函船公司，船東並不理會，這種先禮後兵的公函來往方法完全無效。應該不先行宣佈罷工，因為等候 24 小時後，也可能會沒有結果。這時組織幹事馮燊（1889-1970）激動起來，將枱上的焗盅擲在地上洩憤。陳炳生等見勢頭不對，立即退席，有人提議立即舉行罷工，現場眾人一唱百和，在一片「罷工！」聲下。工會只好服從群眾意願，下令罷工，[3] 散發《罷工宣言》。

---

1 《華字日報》1922 年 1 月 13 日，第 1 張第 3 頁。
2 《華字日報》1922 年 1 月 14 日，第 1 張第 3 頁。
3 同上。

在資方缺乏誠意解決問題下，香港海員大罷工於下午 5 時開始，海員相繼離船上岸罷工。是晚省港澳、江門等內河輪船香山號、廣西號、海生號、新寧號和安利號等夜班船全部停航，已上船的搭客皆攜帶行李船離船上岸。行走省港的金山號不敢靠泊碼頭。來往香港至江門的中安號原定 6 時啟航，罷工消息傳出後，船公司下令提早於 5 時半啟航，工會搭小輪駛近中安號，欲通知船上海員已下達了罷工令，可惜中安號已遠去。直至晚上共有十四五艘輪船到港，船上海員得悉加薪談判失敗大為激憤，輪船剛泊岸，相率離船登岸罷工。市面謠傳渡海小輪將會停航。

首天罷工的海員有一千五百人，涉及船舶有九十多艘。一個星期後，罷工的海員共有六千五百人。罷工3日後，停在香港的輪船有123艘，十六萬餘噸，其中英國船55艘，中國船28艘，日本船16艘，美國船8艘，挪威船6艘，荷蘭船6艘，法國船1艘，葡萄牙和義大利船各1艘。[1]

船公司立即將情況報告華民政務司，要求華民政務司出面處理，維持輪船行駛。[2]

三數華人船東和荷蘭船東先後到工會，自願照工會的條件辦理，請工會通告海員復工。但工會認為此項要求須全部船公司一致答允，同時一起解決問題，不能分開處理。[3]

---

[1]　《華字日報》，1922 年 1 月 17 日，第 1 張第 3 頁。
[2]　《華字日報》，1922 年 1 月 14 日，第 1 張第 3 頁。
[3]　同上。

外籍海員組織的中國沿岸海員會、中華航海機師會發表聲明，表示保持中立。西人船主機師工會主席到海員工會見陳炳生，亦聲稱會在罷工中保持中立，但是由於華人海員離船，船上沒有廚師，外籍海員的飲食和生活出現困難，要求工會安排廚師和服務員各一人留在船上工作。工會答允要求並照辦，妥善處理了外籍海員的飲食和生活問題，[1] 爭取了外籍海員對罷工的支持。

夏理德按船公司的請求，連夜紆尊降貴偕同督察（幫辦）卑列頓（？）、翻譯馮師韓（？）等到工會，軟硬兼施的聲稱，罷工只會令勞資雙方都蒙受損失，有害無益，不能解決問題，要求工會切勿繼續罷工；認為船公司規模大小不一，不可能劃一加薪，磋商加薪問題並非一朝一夕可以完成，要求工會給予八至十日時間。同時稱讚海員曾到世界各地見識廣，並權威的說：「你們如果認同本人的說話，切勿罷工！」[2]

蘇兆徵當面直接反駁的說：「從9月起工會已經兩度致函船公司，船公司不予理會，實質是輕視侮辱我們海員工會，我們有父母妻兒全賴薪金過活，怎能怪責海員無情，我們已經到了忍無可忍的地步。」[3] 夏理德無言以答，盤桓至下午7時始離去。[4]

勞資糾紛中，政府的角色應是以第三者，中立的角度來處理問題，夏理德的言論卻仿似船公司代言人，企圖以拖延手段來打散罷工。

---

[1] 同上。

[2] 同上。

[3] 同上。

[4] 周奕：《香港工運史》，第29頁。

罷工一開始，工會即發出《香港海員大罷工宣言》及《停工規則》。

《香港海員大罷工宣言》

值諸潮流衝動，人心有團結趨向，由斯社會組成同業，無秦越之歧視，本會順潮流而崛起，聯同業之感情，經營一載成績可觀，實踐工黨主義，維持工人生計，幸福謀於公共，匹夫原屬有責，凡我海員孰非工人之一份子，理宜聲應氣求，互相友助，庶符我海員表表之人格者也，回憶我們海員離鄉別井，博于（於）驚風駭浪之生命，胼手胝足，受重重痛苦之黑幕。近茲時代百物騰貴，工值有限，仰視俯蓄，經濟不敷，經同人大敘會提出要求加薪問題，而本會從眾表決，積極執行，曾函請各行船東第一二次要求矣。因無表示答復（覆），而本會豈可自甘放棄，失却我中華海員工黨之光譽（榮），卑靡我數萬海員之人格乎！義之所在力而行，百折不回，目的求達。是以矢在弦上不得不發，臨場走馬豈肯停鞭，特於一月九日提出第三次要求，限期二十四點鐘內完滿答覆，若其仍然見拒，此視我海員之人格何如耶！此視我海員勢力尤何如耶！噫，以今視昔則非也，今日本會完全海員組織，有本會一日之名目，即有海員一日之光榮，萬一此次失敗，固知本會之名頹落，而數萬海員之光榮盡喪矣。人生於世，生命居一，名譽其次，經濟不足，生命何存！死之必矣。人格不保，名譽掃地，恥之甚矣。若夫以恥為榮，則雖生猶死也。是以我海員表表之人格，顧名思義，痛癢相關，知恥近乎勇，力行近乎仁，此其時也。本會謹守文明秩序，固當文明解決，

凡我海員遵守停工規則，萬眾一心，風虎雲龍，獲收效果庶乎有期。[1]

宣言附有《停工規則》。

《停工規則》

（一）　各股東如無意答覆者，海員同人屆時實行規則列左；

（二）　凡海員停工上省者須要到總會報名；

（三）　停工後上省者膳宿車費由本會供給；

（四）　凡我海員如無寄宿者必須到總會報告一切，由某船放船，以昭慎重；

（五）　各海員不願赴省者，費用自備；

（六）　因停工離職後加薪問題有完滿解決者，本會擔任令舊人復原職；

（七）　停工之後非得本會許可不得私自復職；

（八）　停工之日如有海員人等不守停工規則者，同人決認是海員全體公敵（各行頭目不在此例）；

（九）　停工之後凡我海員互相勉勵，恪守文明秩序，靜候解決，勿因言論或行徑越出常軌，以重人格；

（十）　如有無恥之徒冒認海員名義藉端破壞，一經證實，送官究治。[1]

1　《華字日報》1922 年 1 月 14 日，第 1 張第 3 頁。

外資船公司舉行會議，認為海員只是藉罷工回鄉過年休息，斷言海員沒有經濟能力，罷工期間沒有飯吃，罷工不會持久，[2] 何況中國有大量失業工人可供招聘，堅持各公司各自解決罷工問題。可是外籍資本家大跌眼鏡，在海員工會領導下，最後香港工人表現了跨行業、跨地域的團結力量，演出一幕「團結就是力量」的現實劇。

罷工第2日中午，夏理德與太古、怡和、昌興、日本郵船、大阪商船和花旗等船公司研究，定下解決罷工辦法，交給工會剛接手的律師羅文錦（1893-1959）。華民政務司根據外資公司的意見，以第三者角色略帶威脅的語氣發出通告：

「華民政務司為通告事，照得華人船員請求加工事宜，現船務東主允願將各船員困難情節磋商辦法，如彼此仍有未協之處，則由政府即委公正人出為調處，務求妥善共商妥所加工金，定由本年元月一號起加，為此通告各船員知悉，汝等須於本月十六號即禮拜一日正午一律回船工作，否則無磋商調處之希望，汝等毋得遲疑，本司有厚望焉。

此佈

一千九百廿二年元月十三號」[3]

---

1 同上。
2 鍾點編：《香港海員大罷工》，第 24 頁。
3 《華字日報》，1922 年 1 月 14 日，第 1 張第 3 頁。

夏理德雖然提出由公正人調處，即是第三者角色，但整篇通告完全完站在資方的立場發言，威迫海員限期復工。通告是面向全部罷工海員，而不是以工會為對象，間接不承認工會代表罷工海員的地位。

　　在這封信的影響下，翟漢奇等竟然未經工會會員大會討論，擅自印發復工通知，交中西報刊登載，通知罷工海員於 1 月 16 日前回船復工。[1] 在這重大問題上，翟漢奇等拋掉一直以來的民主作風，幸好及後蘇兆徵等能堅持民主程度，使大罷工能團結全體海員，爭取到最後勝利。

　　激進派認為如此就輕易復工等於投降，罷工就會徹底失敗。蘇兆徵等按照民主程序，從廣州返回香港召開罷工海員大會，指責復工通知是二、三辦事人所為，並非大多數海員的決定，勢難承認，堅持繼續罷工，[2] 不同意將罷工問題分開處理，認為外資船公司並沒有同意加薪，拒絕復工。

　　海員工會指出船公司對加薪金額數目含糊不答，沒有說明實質加薪金額數目，是沒有誠意的表現，堅決表明船公司必須一律簽字承認增加工資實數，方可復工。[3] 在廣州的罷工海員立即公開表示態度，通電各報：

　　「一日未有保證之簽字，則一日未便開工。」

1　《華字日報》，1922 年 1 月 16 日，第 1 張第 3 頁。

2　章洪：《香港海員大罷工》（廣州，廣東人民，1979），第 33 頁，引：《羊城報》，1922 年 1 月 16 日。

3　《華字日報》，1922 年 1 月 16 日，第 1 張第 3 頁。

又致電夏理德鄭重聲明：

「當加工簽字之前，決不開工。」[1]

夏理德得悉1月16日海員復工無望，立即找翟漢奇、陳祥（？）到華民政務司署，並請華商總會董事長劉伯鑄（1870-1926）、定例局[2]非官守議員周壽臣（1861-1959）等兩人及27間華人船務公司代表（元安、兆安船務公司董事）周少岐（1863-1925）、周雨亭（1872-1933）等到署會商調停罷工事宜。

劉伯鑄勸海員退一步說：「現今既然有華商總會作公正人及華人紳士調處罷工，海員應該退一步先行復工，如果仍有未妥善的地方才再磋商妥協解決。」

翟漢奇等這次立場變得堅定起來，堅持要待船公司簽字證實加薪後始一律復工。

周少岐、周壽臣試圖以民族感情打動海員代表，說：「年近歲晚，我們華人生意多依靠此數日運貨來港銷售，而且香港華人的魚菜糧食多依賴進口，若不先行復工，彼此堅持到底，受害最大的是香港華人。」

周壽臣等代表內河航運華商答允加薪，要求工會先復工，後與外資船公司談判，以圖打破僵局。但對增加工資金額數目則含糊敷衍。這一主張等同外資船公司提出的個別解決的翻版。

---

[1] 《華字日報》，1922 年 1 月 16 日，第 1 張第 3 頁。
[2] 今立法會前身。

周壽臣等表面上大義凜然陳詞，要求海員為香港華人福祉著想，省港輪船海員先行復工，運糧食來港，免華人受到物價上漲的損失。實質上內河航運牽涉華商利益最大，周壽臣等實際是為一己私利而發言。

翟漢奇等仍堅持要待船公司簽字認可加薪後始一律復工，會商無結果而結束。翟漢奇等返回工會報告會商經過。罷工海員得悉會商結果更加不滿，在工會門口大書特書：

「凡我海員工人須候船東認允加工簽妥字方可開工。」[1]

周壽臣等指內航停運影民生，導致物價上漲的言論無法打動海員代表。周壽臣轉為向海員代表施壓，並質疑陳炳生、翟漢奇等的海員工會代表資格，說：「你們作為代表有權的嗎？如果連答允的權都沒有！你們怎能當代表！」

周壽臣使出這一招，翟漢奇等上當，又忘記了民主程序，沒有經集體討論就擬定公告，定於 16 日復工。[2]

到港輪船都不能開航，水手、燒火及寧波、福建和潮州等海員全部罷工，有船公司發電屬下輪船，指令不要來港。西江內河、省港澳各輪船、及太古、怡和、德忌利士、海軍（水師）、太平洋行、美國太平洋郵輪公

1 《華字日報》，1922 年 1 月 16 日，第 1 張第 3 頁。
2 周奕：《香港工運史》，第 33 頁。

司（花旗）和美資大來[1] 等公司輪船，在中國沿岸各埠都不能啟航。但日本船公司則較少受罷工波及，因為日本船公司多數在上海僱用海員。招商局的新華號船員亦是上海人，且泊在海面，亦沒有受罷工影響。[2]

罷工開始後，負責宣傳鼓動的幹事，每有輪船入港，即僱小艇上船號召罷工，港英則派出水警進行阻擾，甚至拘捕。按照國際慣例，輪船到港口，工會有義務派出工作人員登船，或接載遠航回來的工友，為不能離開崗位的工友辦事，關鍵之處在於船長是否批准登船。起初不少船長都是按照西方的標準辦事，容許工會活動。後來因為罷工而不能動彈的船隻愈來愈多，船公司拍電報向船長提出警告，有的輪船到埗卸貨後立即開走，有的輪船不准工會幹事上船，亦不准海員上岸，但是海員一接到罷工消息，仍紛紛離船。[3]

防護破壞罷工隊四處搜集情報，以防船公司僱到足夠人手摸黑上船馬上開航，防護隊找到這些包工頭，立即以武力對付，痛打一頓，認為破壞性較大的還被切去小片耳朵，以示懲戒。[4]

罷工工人在廣州

罷工後工會的領導層分為兩批人工作，一批率領罷工海員回廣州並主持工作。另一批留在香港，對外方面與政

---

[1] 大來公司的輪船多以美國總統來命名。
[2] 《華字日報》，1922 年 1 月 14 日，第 1 張第 3 頁。
[3] 周奕：《香港工運史》，第 32 頁。
[4] 周奕：《香港工運史》，第 32 頁。

府、船公司周旋，對內方面做鼓動、糾察和發展會員的工作。到1月底，海員工會的領導人都轉移到廣州，只留下鄺達生一人在香港負責聯絡工作。[1]

罷工一開始，工會就安排罷工海員回到廣州生活，這個安排可避免少數人把持不定復工而影響大局，同時廣州的生活費用較香港為低，對堅持罷工有利。

罷工翌日搭火車上廣州的海員有二千餘人，到 1 月底回到廣州的海員超過一萬人。廣州當局加派車廂接載海員北上，每列火車加卡到 20 卡行駛，並要在車尾加一輛火車頭向前推。[2]

廣州的工會亦派人到火車站拉起橫額，歡迎海員返廣州。廣州互助總社、聯義社（聯誼社）等團體成員冒着微雨在廣州火車站，[3] 持旗歡迎海員到達。旗幟書寫上「歡迎海外海員歸國」等字樣，在廣州海員則手執海員大罷工旗幟迎接。[4]

罷工後省港水路交通斷絕，九廣路要加班行駛以應付人貨大量增加的需求。

當時廣東省長為陳炯明（1878-1933）正策劃把孫中山攆走，於是拉攏海員，下令省政府撥款供應海員的罷工開支，每天開支數千元。孫中山的兒子孫科（1891-1973）正任職廣州市長，下令開放所有廟宇和公共場所作為海員

---

[1] 同上，第 31 頁。
[2] 《華字日報》，1922 年 1 月 16 日，第 1 張第 3 頁。
[3] 當時廣州的廣九火車站設在大沙頭。
[4] 《華字日報》，1922 年 1 月 14 日，第 1 張第 3 頁。

食宿之所。[1] 廣州機器工人借出國機會所供海員住宿。

回到廣州的海員配有襟章一枚，[2] 由工會安排食宿，初期分別安置在 14 間招待所、互助總社、華僑聯合會等。工會對外省海員如寧波人，則安排住在城內的各旅館以示優待。[3] 況且外省海員在廣州人地生疏，應該要加倍照顧，而部份廣東海員有若回家小休，與家人短敍。

工會原設有十幾座宿舍安置海員，罷工人數不斷增加，又要在珠江河租用多艘紫洞艇（水上酒家，俗稱花艇），停泊在珠江河畔，既是飯堂又是宿舍。

廣東政府總統府特設午餐招待工會職員，職員大感殊榮。廣州各工團為表示歡迎海員回穗，每日都有工團宴請海員茶會或午膳，好不熱鬧。[4]

廣州38間工團代表共二百餘人到罷工總辦事處慰問海員，各工團還紛紛寫信慰問，或以糧食、棉被等相贈。[5]

蘇聯共產黨代表到廣州罷工宿舍求見辦事人員，向辦事人員及工會領導人說：稱讚海員此次罷工的毅力，表示會全力援助海員，大意說：「今次罷工要堅持到底，不可退讓，如果罷工期間費用有不敷應用時，蘇共肯定大力支持，務達互助目的。」工會表示歡迎。[6]

[1] 余繩武等主編：《20 世紀的香港》（香港，麒麟書業，1998），第 83 頁。
[2] 《華字日報》，1922 年 1 月 16 日，第 1 張第 3 頁。
[3] 鍾點編：《香港海員大罷工》，第 23 頁。
[4] 《華字日報》，1922 年 1 月 17 日，第 1 張第 3 頁。
[5] 鍾點編：《香港海員大罷工》，第 23 頁；
[6] 《華字日報》，1922 年 1 月 19 日，第 1 張第 3 頁。

廣東社會主義青年團、互助總社與馬克思經濟學會舉行集會，到會工人有四千餘人，其中海員二千餘人，中共黨員林伯渠（1886-1960）、陳公博（1892-1946）、譚平山（1886-1956）和譚植棠（1894-1952）等在會上號召海員發揚，德共卡爾‧李卜克內西（Karl Liebknecht，1871-1919）和羅莎‧盧森堡（Rosa Luxemburg，1871-1919）兩人寧死不屈的不妥協精神，「聯合無產階級，舉行世界大革命，根本推翻資本階級，以貫徹我們的目的。」[1]

　　1月17日罷工第6日，廣州的海員二千餘人列隊游行，當時天氣寒冷，海員雖然仍穿單衣，但各人精神糾糾，所到之處均受熱烈歡迎。臨時籌備辦事處準備棉胎給海員禦寒。[2]

　　工會組織糾察隊維持廣州市面秩序，總隊長為嚴翼（？），隊員總共有60人，分為6隊，巡邏廣州市面。每天上午10時出發，每更巡邏4小時，週而復始換班。[3] 隨着罷工的發展工會向港府施壓，派糾察隊駐守深圳中英邊境，及內地前往香港各個陸路交通要道，以及廣東境內一些與香港有來往的港口，阻止糧食及副食品等物資運往香港。[4]

　　罷工一星期後，工會宣稱準備了三十萬元罷工經費，以穩定人心。在廣州的海員有三四千人，罷工海員總數有六千人。在廣州的海員每人每日開支3角，合計每日約二千三百元，寧波人多數是單身漢，故每人加午餐費1角，

1　莫世祥：〈也談國共兩黨和香港海員大罷工〉，載：《近代史研究》1987.05。
2　《華字日報》，1922 年 1 月 17 日，第 1 張第 3 頁。
3　同上，1921 年 2 月 10 日，第 1 張第 3 頁。
4　盧權等：《林偉民》，第 84-85 頁。鄧中夏：《中國職工運動簡史》。

外省人住客棧每餐有魚菜供給，罷工7天後，共用去二萬四千餘元，佔罷工經費十分一。[1]

堅持罷工

罷工三四日後，省港、港澳兩條內河航線停航，令市面副食品供應緊張，魚肉、蔬菜和雞鴨等食物供應不至於缺乏，只是新鮮食物供應己經銳減。[2] 魚肉和蔬菜已經漲價，蔬菜只有石岐運貨來港，依靠廣西梧州運來的雞、猪己經斷貨。[3]

到了1月16日西江輪船到港己經數日，仍無人落貨。市場的魚每斤貴了5仙，蔬菜暫時沒有起價，因為廣州、石岐和新界有貨運到。當時設在尖沙咀的火車站人頭湧湧，火車要加班行駛疏導旅客。[4]

來往香港至油麻地的渡海小輪工會，本來想和海員工會採取一致行動，華民政務司聞訊立即傳召該會負責人，勒令簽字認可待海員罷工解決後，才有與資方磋商的日期安排，不准在這段時間內有任何行動。[5]

海員工會工作範圍日漸擴大，事務日益繁多，辦事人員增至百餘人，連日携同會費到工會入會者絡繹不絕。到港輪船一經泊岸，海員立即上岸到工會報名罷工，領取車

---

1 《華字日報》，1922 年 1 月 17 日，第 1 張第 3 頁。
2 同上，1922 年 1 月 14 日，第 1 張第 3 頁。
3 同上，1922 年 1 月 16 日，第 1 張第 3 頁。
4 《華字日報》，1922 年 1 月 17 日，第 1 張第 3 頁。
5 同上，1922 年 1 月 16 日，第 1 張第 3 頁。

票返廣州。[1]

工會以暴力對待招募新人上船工作者。[2] 有兩名海員潛往西環對開某輪船工作被發現，遭人毆打並割去少許耳朵。某辦館包攬海員落荷蘭船工作，被工會稽查員偵知，立即糾集數十人包圍該辦館，將負責人梁某（？）捉回工會，梁某承諾以後永遠不包辦工人落荷蘭船工作。[3]

船東在大會堂舉行第二次敍會，共7名中外船東出席，華人船東多數是外地船公司的代理，如和發成船務公司李冠春，總公司不在香港，對加薪問題不敢作主，且近年生意欠佳，更不敢提出具體加薪金額，只是不停說先復工後談判。[4]

太古屬下的蘇州號本來湊足人數可以啟航去上海，但是帶水（導航員）以工潮未解決不肯開工而令該船停航。[5]

夏理德於1月15日晚9時，約同劉鑄伯、周壽臣兩人一齊前往工會勸說海員復工，夏理德等的說話內容與以往的一樣，沒有新內容。工會為表示解決問題意願，選出陳觀民（？）、蔡軍保（？）、鄺達生和林偉民等4人為代表，隨夏理德返署商談，到署時歐籍船東5人已到達。

船東重申海員要先復工後談判，表示已請港英委出代表為公正人，將應加薪金額評判，從至公道處判斷加薪金

1　同上。
2　同上。
3　同上。
4　同上，1922 年 1 月 17 日，第 1 張第 3 頁。
5　周奕：《香港工運史》，第 33 頁。

額，並由1月1日起計算。林偉民等堅決表示須聲明具體加薪金額方可磋商。劉伯鑄和周壽臣兩人和歐籍船東等，始終沒有說出具體加薪金額，雙方商談都無法進入正題，閒話到12時散會離去。林偉民等答應將會談內容帶回工會宣佈，明日10時回覆船東。[1]

會面時海員代表對劉伯鑄等訴苦，爭取同情，指責包工制度的壞處。又指出歐美遠洋輪船海員雖有三十餘元，但被包工頭扣去金錢後，餘下只有原來薪金的一半。[2]

劉伯鑄申辯說：「這個問題須要劃清瓜葛，船東未必多數是刻薄苛待工人的，你們工人之上又有包工頭。」[3] 事實上包工頭是資本家的工具，劉伯鑄等資本家需要包工頭的存在，才能付出小量的工資來僱用海員，從工人身上賺取更多的剩餘價值。

林偉民等齊聲說：「當日海員工會未有勢力時，海員任由包工頭隨意宰割，從今以後務必剷除包工制度，以恢復工人自由。」[4] 林偉民等在工人團結在工會之下，理直氣壯直接了當要求必須取銷包工制度，取回「人」的基本權利：人權、自由。

劉鑄伯和周少岐一方面遊說工人，另一方面建議港英採取高壓手段，封閉部份工會，逼令工人就犯。周少岐建議每名華人離境只准攜帶5元，多者沒收。[5] 以上意見，

---

1 《華字日報》，1922 年 1 月 17 日，第 1 張第 3 頁。
2 同上。
3 同上。
4 同上。
5 蔡榮芳：《香港人之香港史》，第 116 頁。

港英曾加以考慮，但沒有實施。[1]

1月16日港英頒佈戒嚴令，派出大批武裝軍警在街上巡邏，守衛省港輪船碼頭，槍上安上刺刀，出入碼頭的人都須要檢查證件。[2] 新到的港輪船，電請水警上船保護。[3]

船主向工會提出要求，增派兩人到船工作，指船上只有一名廚師和侍應，未免人數太少，如果有偷竊或者火警事件發生，不知如何是好！並且說，假如船上多了人，船都是不能開航的。工會堅決拒絕，認為船主提出的要求是為自己利益設想，海員罷工也是為了本身利益而行動，沒時間照顧船主的利益。[4]

各船東在大會堂開第二次大會，出席者有華人船東代表7人，歐籍船東代表數人。華人船東同意加薪，歐籍船東代表因為只是代理人，未得到總公司的指示，不敢輕言加薪，會議沒有結果而結束。[5]

外資船公司在上海、印度和菲律賓等地招募海員，寶泰辦館致電上海包工頭桂阿茂（？），請它代聘新海員到港，結果招募了三百名海員。昌興計劃聘請馬來西亞人和白人代替香港海員。[6]

下午4時，夏理德請海員工會代表4人到署，突改變態度以誠懇的言詞說：「你們如果依照我講的說話，早日先行復工，本司必定會協助你們工人向東家爭取要求，否則

---

1 鄭宏泰等著 ：《白手興家》（香港：中華，2016），第183頁。
2 《華字日報》1922年 1月17日，第1張第3頁。
3 鍾點編：《香港海員大罷工》，第23頁。
4 《華字日報》1922年 1月17日，第1張第3頁。
5 同上。
6 同上，第1張第3頁。

無磋商的餘地。」

然後威嚇海員代表說：「本司實料不到你們如此蠢拙，不識掌握時機，本司現今最後忠告，現在船東既肯加薪，又聲明正月一號起開始加，是有誠意磋商的表示。彼此都要讓步方可解決問題，否則兩敗俱傷，而尤以你們工人受到的傷害更慘重。如果船東方面因工人堅持不復工，可能會將原有方案變更，你們工人要當見機行事。」工人代表唯唯諾諾而退。

港英委任5名公正人組成仲裁委員會，主席為按察司戴維斯（？），尚有兩名華人定例局議員：先施公司的陳霞（？）和東華主席盧頌舉（1873-1932），及與船務無關的兩名歐籍商人：匯豐的巴路（？）和金孖素於人燕梳（保險）公司（Commercial Union）的ＸＸ（？）等。[1]

在香港和廣州的寧波海員致電上海同鄉會，通知他們香港海員已經罷工，呼籲「同鄉切勿受僱，破壞團結」。[2]

罷工將近一星期，1月17日，港英又發出通知，通報外資船公司提出加薪方案，仍是要求工人先復工後談判。

下午，海員工會發出通告：

「公啟者：本月拾七號正午由華民政務所諭，現船東允許將各船員工金增加條件（另錄），經本會代表宣告於眾，由全體同人公共磋商，甚不滿意，遂將該諭加工條件逐條

---

1 《華字日報》1922年 1月17日、2月14日，第1張第3頁。
2 鍾點編：《香港海員大罷工》，第31頁。

公訂回覆，即派代表呈遞後，於四點鐘由華民憲台親臨本會勸導同人，謂兩方交公正人判決，而全體同人要求依照回覆條件方肯一律復職，茲將船東答覆及要求條件公佈於左，計開增加工金，船東方面答覆華人內河船加式成半，要求加三成二五，其餘中國大輪船不過一千噸加二成半，要求加叁成式，省港澳輪船公司加一成半，要求二成半，沿岸出口船隻加一成式，要求式成半，來往渣華（印尼）船每百加七元半，要求十七元半；來往太平洋船每百加七元半，要求17元半，來往歐洲船每百元加七元半，要求17元半；來往新金山船加一成，要求式成；凡我方要求條件，現在時勢困難，生計日蹙，亦非太過，是以全體同人堅持毅力以達目的，切實解決，早日簽約則不會有正式公函通告一復職，如簽約解決，現在停工時期謠言太多，希圖破壞，幸勿受人愚弄，各官遵守宣言、停工規則十條是為至要。

此佈

中華海員工業聯合總會同人詎告」[1]

加薪方案與海員要求比較表：

輪船種類	海員要求	船公司還價	相差
1. 沿海輪船	35.0%	15.0%	20.0%
2. 內河輪船（中國）	32.5%	25.0%	7.5%
3. 其他的中國輪船	32.5%	25.0%	7.5%
4. 省港澳輪船（英國）	25.0%	15.0%	10.0%
5. 其他英國輪船	25.0%	15.0%	10.0%
6. 印尼[2] 線	17.5%	12.0%	5.5%
7. 太平洋線	17.5%	7.5%	10.0%
8. 歐洲線	17.5%	7.5%	10.0%
9. 澳大利亞線	20.0%	10.0%	10.0%[3]

---

[1] 《華字日報》，1922 年 1 月 17 日，第 1 張第 3 頁。

[2] 或稱作爪哇、渣華。

[3] 鄧中夏：《中國職工運動簡史》，載：鄧中夏：《鄧中夏文集》，第 463 頁。

內河線加薪幅度接近海員的要求，遠洋線只有一半。港英的通知表明是支持外資船公司的方案，希冀緩和罷工。海員工會依照外資船公司方案提出反建議，堅持在資方簽字答覆加薪後始行復工。

1月18日下午中外船公司召開大會，認為海員不接受他們的方案，聲言今後不再與海員商談，通過撤回16日的加薪方案，如果海員願意復工的話，仍照舊聘用，薪金照舊。[1]

歐籍船東能夠出爾反爾，原因是某大輪船公司接到上海消息，已招募到三百人來港。[2]

夏理德根據船東的最新決議發出通告：

「照得目前迭次所通告，各船公司允許各船員加工金條款，現各船務公司竊已將目前所有條款一律取銷，如有船員願意照舊日工金回船開工者，盡可准其回工。開工之後，各船務公司並准其將舊日工金如何不足處與各船東磋商又如何，彼此不能解決須交公正人處斷者，可交公正人秉公處斷，但船務公司因現時各船員所持態度如此，故並議決，即使日後議定增加之工金，或由公正人所斷數目，亦只允其由回船開工之日起加，為此通告汝等海員一體知照。

此佈

一千九百廿一年元月十六號」[3]

---

1 《華字日報》，1921 年 1 月 19 日，第 1 張第 3 頁。
2 周奕：《香港工運史》，第 36 頁。
3 《華字日報》，1921 年 1 月 19 日，第 1 張第 3 頁。

夏理德耍手段，談判時則面對海員工會，發通告仍只是面向海員，不是工會，但海員仍擁護工會的，團結一致。因工會以民主作風領導罷工，罷工海員完全了解勞資談判內容，夏理德無隙可乘。面對船東突然取銷原來的加薪建議，工會得到海員的支持立即還擊，撤回反建議。

　　港英為了解決物資短缺的困境，派副裁判司活雅倫（A. E. Wood，？）上廣州，在英國駐廣州副領使斯華德（？）陪同下，要求陳炯明出面，干預工會封鎖物資供港問題，冀能迫使海員回港復工，同時徵求陳炯明同意派出金山號和香山號兩艘輪船，上廣州採購糧食和日用品。[1]

　　陳炯明應英使要求召集海員代表陳炳生、蘇兆徵、馮永垣和羅夢球（？）等，與廣州工團代表黃煥庭和廣州市特別助理馬超俊等，與斯華德和活雅倫會面。英方要求陳炯明和工會各派代表到港與資方接洽。英使與港英態度不同，他是面對海員工會的。

　　海員代表表示：「如果海員工會日前提出的要求無法完滿解決，沒有必要派代表回香港。」

　　斯華德又要求工會，立即勸導海員先回港復工，自稱可出任調停人，聲言「必使海員滿意而後已」，還探詢工會是否可減低要求。

　　工會當面拒絕了先行復工的建議，對減低要求，則堅決表示不能再讓步。

　　斯華德面對工會的堅決答覆，轉以為民請命的態度，要求工會不要干預金山和香山兩船運糧食回港，訴苦說：

---

[1]　鍾點編：《香港海員大罷工》，第 28 頁。盧權等：《蘇兆徵》，第 57 頁。

「香港有中國人六十五萬之多，全部都是貴國同胞，希望各位工人憐憫這六十五萬無伙食者的困苦，首先接濟糧食。」侵略者在威風掃地的情況下，竟善良起來訴苦求情。

對此工會以置身事外的語氣回答說：「本會同人並不會出面阻止糧食運港，若有其他工人出於義憤，有所舉動，則本會不能負責。」[1]

港英的通告不是以工會為談判對象，英使則以工會為談判象，即表示同意工會代表罷工海員。當時英國是不承認廣東政府的，只承認北京政府，為了解決罷工，卻要求廣東省長陳炯明公開介入談判，間接承認這一個政權，卻留下一手，因廣東省政府只是地方政府機關，若有問題尚有解畫空間，他們處理的只是地方事務而已。

會面時工會態度堅決，在先復工後談判的基礎，提出4項條件，

（甲）暫時辦法如下：

1.工人月薪在15元以下的加百分之四十；

2.工人月薪在25元以下的加百分之三十；

3.工人月薪在25元以上的加百分之二十；

4.必須首先承認後面（丁）項原則，然後開始談暫時辦法。如果船主承認此項暫時辦法，全體海員即刻復工，由公斷處商議（丁）項決議案。

（乙）公斷處設在廣州。

（丙）公斷處由下列人員組織：1.廣東政府代表；2.

---

[1] 鍾點編：《香港海員大罷工》，第 28-29 頁。

英國總領使代表；3.外資船主代表；4.華資船主代表；5.
海員代表。公斷處人數由廣東政府和港英商議後決定，公
斷處有討論解決罷工之權。

（丁）海員工會提出下列8條，請求公斷處討論。

1. 工人工資在每月30元以上的加百分之三十，在30
元以下的加百分之四十；

2. 罷工之後，復工工人不以任何理由歇業或降職；

3. 增加工資適用於現在香港停泊的輪船，和從各埠向
香港開駛的輪船；

4. 船主僱用海員，須由海員工會介紹，以免經手人克
扣工資；

5. 簽訂僱用海員合同時，須有海員工會派證人到場，
否則無效；

6. 無論海員或海員工會的職員不得因無故遞解出境；

7. 加薪日期由1922年1月1日起；

8. 海員復工後，僱主須加以平等待遇，不得苛虐。

工會的新提議一方面調低了加薪要求，另一方面邀請
廣東政府、英領使介入解決罷工，迫英方公開承認工會代
表罷工海員，做成英、粵、勞、英資和華資5方對等談判
局面，港英被擠出局外。

上述方案由陳炯明轉交英使電告司徒拔，廣東省政府
和英使公開的介入罷工，使海員罷工滲入了政治因素，由
地方經濟事件，上升為中英外交角力的場地。司徒拔爭取
主動，覆電陳炯明，反對仲裁組織設在廣州。認為資方願

意接受仲裁，工會應派代表回港磋商。[1]

工會兩手準備，公開的準備談判復工，另一方面派骨幹返港策動運輸工人舉行同情罷工。

港英曾致電活雅倫着他停止活動，但是電報遲到，令活雅倫答允的條件無法兌現。[2] 罷工談判以來，外籍船東的態度曖昧，出爾反爾，招致華人船東反感。

工會得悉船東取消加薪後，立即於1月19日舉行大會，通過4項決議：

1. 前派出之臨時代表一概取銷之；

2. 前次讓步之條件一律取銷之；

3. 提出恢復原加薪要求，不達目的不回船復工；

4. 以前派到各船的廚子工人5人一律撤回。

工會並派代表通知華民政務司，夏理德憤怒的對海員代表說：「你們開工不開工是你們的事，本司已極力調停，你們始終固執，致做成今日景象，本司難再調停，你們開工即開工，不開工亦隨便。」夏理德說罷，各代表即告辭離去。

夏理德無計可施，詢問船東：「海員工會從前派出的5名廚子侍役亦一律撤回，你們究竟如何處理。」

船東總代表怡和洋行回答說：「並不要緊，海員工會

---

[1] 周奕：《香港工運史》，第 37-38 頁。
[2] 周奕：《香港工運史》，第 36 頁。

要撤回，任由他們撤回吧。」[1]

三達火油[2] 公司通知華民政務司，已經另聘菲律賓海員開工，夏理德認為政府為首先要維護香港的糧食供應，恢復交通，要求先開航省港船。聲言請歐籍船東將聘請馬來人、菲律賓人、印度人、日本人、歐洲人和其他華人，不要再僱用香港海員。[3]

香港物價繼續上漲，猪肉每斤1元6角，魚每斤5角，但橙柑桔甚為廉宜，桔每斤1角，因這些貨原本運往新加坡，因罷工不能赴運堆在倉庫裏，日久將會變壞，只好在變壞前低價出售止蝕，否則變壞後血本無歸。[4]

這時在廣州的海員先到總統府請願，要求支持，由伍朝樞接見。海員然後又到省長公署請願，得到政務廳長古應芬接見，勉勵各人一番，並答允會全力協助調停，各海員歡呼後散去。[5]

1月23日，斯華德和萬樂斯（？）委託古（？）醫生往工會，約謝英伯、蘇兆徵、馮永垣和嚴翼等談話，要求海員先復工後談判，並聲稱如海員仍不開工，「則歐洲太平洋線各船東，惟有轉僱別人開船」。經磋商後，議定由廣東省政府、港英、歐籍船東、華人船東、海員代表和英使共同會商。此議由英使請示港督。[6]

1 　《華字日報》，1922 年 1 月 20 日，第 1 張第 3 頁。
2 　當時對石油的稱謂。
3 　《華字日報》，1922 年 1 月 20 日，第 1 張第 3 頁。
4 　《華字日報》，1922 年 1 月 20 日，第 1 張第 3 頁。
5 　《華字日報》，1922 年 1 月 20 日，第 1 張第 3 頁。
6 　鍾點編：《香港海員大罷工》，第 67 頁。《香港海員罷工的現狀及各地援助的踴躍》，載：中華全國總工會中國工人運動史研究室編：《中國工運史料》，第 11 期（北京：工人，1980.2），第 50 頁；原載：《工人周刊》，1922 年 2 月。

今年新春特別早到來，罷工已經兩星期，1月28日星期六已是農曆壬戌年正月初一日，肖狗。

早在農曆年前，工會於1月25日電告中共外圍組織中國勞動組合書記部，請書記部與長江各海員團體聯絡，阻止海員受僱來港破壞罷工。工會又致函上海各海員介紹所，嚴厲警告不許破壞罷工，如有違者，以葬身南海對付。[1]

春節期間，某辦館在上海招募海員上遇阻力。勞動組合書記部於1月29日邀請中華全國工界協進會、上海南市均安水手公所、上海焱盈南社、焱盈總社、黃勝和水手館、林廣、同慶和陳秉記等代表開會，成立上海香港海員罷工後援會，主席為李啟漢（1898-1927）。[2] 推舉李啟漢與上海寧波籍海員組織均安水手公所負責人朱寶庭（1880-1947）、錢裕業（？），和焱盈社穆生甫（？）和全國工界協進會邵博強（？）等4人為代表，前往找桂阿茂，嚴正警告其招募海員到香港替代罷工海員的行為。[3]

李啟漢、錢裕業和邵博強等3人到桂阿茂家時，遭法租界巡捕拘捕，控告李啟漢等涉嫌恐嚇，判李啟漢即時入獄。

桂阿茂招來的新海員一千人經過汕頭時，被汕頭罷工辦事處說服了一大半離去，只餘三百人到達香港。新僱海員雖開動了幾艘輪船，但由於技術差，在海上發生危險。而在菲律賓和印度招募得來的新海員，情形亦大致相同。

---

[1] 《李啟漢》（北京：人民，1984），第53-55頁，引：上海公共租界工部局《警務處日報》。

[2] 鍾點編：《香港海員大罷工》，第67頁。

[3] 鍾點編：《香港海員大罷工》，第31頁。

勞動組合書記部派剛出獄的李啟漢攜帶捐款,到香
港和廣州慰問海員。[1] 勞動組合書記部發動全國各工會組
織香港海員後援會,京漢、京奉、隴海、正太和京綏等
鐵路工人,先後成立香港海員罷工後援會,舉行會員大
會、發出電報、進行募捐,積極支援海員罷工。[2] 並公開
宣稱:「雖遠在北方,服務鐵路,也要盡一切力量援助
香港海員達到目的……向外國資本家宣戰。」[3] 發洩一直
以來被外資欺壓而積聚的怒火。京漢路長辛店工人在火
車頭上豎起寫有:「援助香港海員」6 個紅字的大旗,從
北京一直飄揚到漢口,又從漢口飄揚回北京。

罷工曠持日久,罷工經費不斷支出,幸有不少華僑匯
來捐款,罷工得以堅持下去。許多國家的工會組織也致電
慰問海員,蘇聯派出兩名代表到廣州了解罷工情況。[4]

罷工擴大

春節過後,1月30日海港運輸工人沒有回港開工,有
如罷工,令罷工總人數增至三萬人以上。罷工後輪船尚可
來港卸貨,運輸工人罷工後,輪船到港無人卸貨,輪船都
不敢停靠香港,東半球的航運陷於癱瘓。貨倉內的貨物無
人搬出倉外,市面物資供應更加緊絀,香港形勢更加嚴峻。

海員工會除了通電各地工會,請求制止招募新海員來

---

[1] 中央黨史研究室第一研究部編:《共產國際、聯共(布)與中國革命文獻
    資料選輯(1917-1925)》第二卷,(北京,圖書館,1997),第 90 頁。
[2] 鄧中夏:《中國職工運動簡史》,北京,人民,1953。
[3] 《北方的紅星》(北京:人民,1960),第 96 頁。
[4] 盧權等:《林偉民》,第 87 頁。

港外，並派防護破壞罷工隊施行血腥暴力政策，在中環槍殺寶泰辦館經理梁玉堂（梁玉春，？-1922），行兇者海員廚師梁和（？-1922）當場被捕，判處絞刑，工會給予三千元安家費。防護破壞罷工隊在一次勸止新海員來港行動中，發生毆鬥，刺死寧波新海員1人，行兇者立即潛逃逸去，沒有被捕。[1]

從《華字日報》的報道來看，梁玉堂案對罷工並無大影響。但據當時在香港的日本政治家鈴木梅四郎（1962-1940）的觀察，以梁玉堂案為例，認為當「被看作破壞罷工分子的話，後果實在可怕。」指「給罷工團盯上而被暗殺人到處都有，因此，一旦接過電話或傳單警告的中國人，都急忙收拾細軟往廣東。」[2]

海員工會為了向資方增加壓力，計劃將罷工面擴大。當時香港有兩個工會聯合組織，分別是工團總會和華工總會。兩個總工會各自為政，幫派成見很深，另有20多間會員人數多的工會沒有加入上述兩個總會。海員工會聯絡煤炭苦力、僑港集賢起落貨職工會（船上卸貨苦力）、同德勞動總工會（貨倉及南北行苦力）、海陸理貨員工會（即打厘，現物流理貨職工會）、港九輪船起落貨工會（今貨物裝卸運輸業職工會）、港梧總工會、洋務工會、華人洋務總會、西餐協進會、帆船總工會、華人船主司機會、華機會等12間工會，簽訂攻守同盟，部署同盟罷工，支持海員抗爭行動。

---

[1] 中國勞工運動史續編編纂委員會編：《中國勞工運動史》，第1冊，第174-175頁。鄧中夏：《中國職工運動簡史》，北京，人民，1953。鍾點編：《香港海員大罷工》，第31頁。
[2] 陳湛頤編譯：《日本人訪港見聞錄）》上卷（香港：三聯書店（香港）有限公司，2005），第201頁。

由於輪船越停越多，運輸工人已無工可做，海陸理貨、同德、集賢等工會已經開始間歇性罷工或怠工，決定藉新春回鄉渡歲掩飾，領取工資後回鄉，不發表任何公告，乘勢罷工留在廣州。[1]

1月31日爆發海陸理貨、同德、集賢、煤炭苦力等工會罷工，跟著騎船工人也來響應。至此罷工工人增至三萬人以上，回廣州的罷工海員約為一萬人。[2]

罷工擴大前海員工會於1月23日向12個工會呼籲，希望他們加入罷工行列，指出：「假如今天他們能夠用這詭計，來對付我們海員，將來他們亦會用同樣方法對付其他的各類勞工……。咱們工人應該互相合作。[3] 我們因此被迫呼籲各勞動同工的支持，讓我們可以達成我們的計劃。」[4]

踏入2月罷工海員已達一萬六千餘人。港英下令戒嚴，從灣仔起派一特務英人警察統率英軍荷槍實彈，以6人為1隊到市面四處巡邏。[5] 港英派英軍駕駛停航的天星小輪，結果失敗。

2月1日上午11時夏理德召集海陸理貨、同德、集賢等8間工會負責人及辦事人到華民政務司署。

夏理德說：「海員要求加薪屬於該會的事，其餘各工會應各守本分照常工作，你們既然在香港政府保護下工

---

1 《華字日報》1922年2月2日，第1張3頁。盧權等：《蘇兆徵》，第64頁。

2 鍾點編：《香港海員大罷工》，第69頁。

3 蔡榮芳：《香港人之香港史》，第112頁。

4 蔡思行著：《香港史100件大事》上冊，第233頁。

5 《華字日報》1922年2月2日，第1張3頁。

作， 應各緊守自己的工作崗位，不得盲從受人煽動。」

夏理德說完，各工會負責人唯唯諾諾以對，「是！」「是！」「是！」「是！」

夏理德又問煤灰苦力工會辦事人：「外間傳聞你們將會加入海員罷工的行動，是真或是假的！」

煤灰苦力工會辦事人回覆說：「不是！我們手停口停，『點會』胡亂附和罷工，我們絕對不會罷工，就算有人威迫，我們都不會罷工！」

夏理德轉換口吻問集賢負責人：「你們為甚麼罷工。」

集賢負責人說：我們「不是罷工，我們只是没有工開，令人誤以為罷工。」

夏理德說：「如果有工做，你們願意做嗎！」

集賢負責人簡單直接的回覆說：「願意。」

夏理德遂限令集賢於即日下午兩點半前，帶兩班搬運工人到華民政務司署報到，等候派遣工作。

集賢負責人爽快地回答：「是！」隨即離去。

夏理德繼續問同德辦事人：「你們為何要罷工。」

同德辦事人的答覆同集賢一樣：「我們無工可做所以休息。」

夏理德有點不快的說：「全部胡說八道。」限同德辦事人於即日下午兩點半前，帶搬運工人 40 名到華民政務司署，等候差遣。

同德辦事人立即唯唯諾諾說聲：「是！」然後離去。

夏理德向海陸理貨辦事人說：「你們為甚麼要罷工！」

海陸理貨辦事人回覆的內容與同德、集賢的內容一樣，說話如出一轍。

夏理德說：「如果今日有工做，你們願意開工嗎！」

海陸理貨辦事人輕描淡寫的回覆說：「願意，我會中常備有工人，不過現在無工可做。」

夏理德同樣限令海陸理貨辦事人於即日下午兩點半前，預備數隊工人到華民政務司署候命，聲言：「不準遲到，否則辦事人要負責。」

夏理德向其餘各工會逐一囑咐說：「本港政府對於工商兩業必以實力來保護，你們可以安份工作，切勿受人煽動，投身罷工漩渦中，受無辜牽連，此是愚蠢的舉動。」

夏理德責問同德等工會是否罷工，由於同德等工會都沒有發出罷工公告，會員表面只是回鄉未返，負責人當然可以理直氣壯，肯定的說：「沒有罷工。」

夏理德發出告示警告各工會。[1]

「民政務司夏　為示諭事照得此次船員罷工不過該會一會之事，日前政府已允徹查其困難之處，並允設立公正人為之調停，俾兩方得公允解決，乃該船員等不遵勸諭繼續罷工，實於情理兩虧，本政府向遇各工人凡有困苦艱難無

---

[1]　《華字日報》1922年2月2日，第1張3頁。

不竭誠撫理，即今各船員雖不合，而政府對於此事仍預備隨時設立公正人磋商增加工金，務求公允，且船東方面亦已允願任由公正人為之判斷，不料該船員等非特無誠意轉圜，更欲煽惑其他工會罷工協助，須知他工會原非有切己之苦，況不過該船員等圖謀一己之益，故不惜牽累他人，似此等煽惑要挾之舉動，以致妨礙他人工業者，本政府為保存公安起見，斷不稍寬縱，今特示諭工商各界一體知悉，務宜安其所業，政府定行切實保護無處危險，自示之後，如遇有膽敢煽惑迫勒他人罷工者，政府言出法從，定必嚴辦，遞解出境，其有受惑罷工者亦不准居留港地，今申令各工會頭人及辦事人員，曉凡會中一舉一動均為汝等是問，各宜慎遵，切切特示。

壹千九百廿二年元月卅一日」

下午二時過後，集賢辦事人周玉屏（？）、李敏初（？），海陸理貨總幹事沈麗生（？）及同德負責人回到華民政務司署覆命，異口同聲說：我們找不到苦力或工人，一個也沒有，全部回了鄉渡歲未回來，集賢工會一步說，我們的主席李若田（？）都返了廣東。[1]

夏理德勃然大怒，將 3 間工會負責人帶往中區警署關押，連帶封閉和解散海陸理貨、同德和集賢等 3 間工會。[2] 罪名是「受人利用舉動有礙本港治安，特一律宣佈

1　《華字日報》1922 年 2 月 2 日，第 1 張 3 頁。
2　同上 1922 年 2 月 11 日，第 1 張 3 頁。鍾點編：《香港海員大罷工》，第 73 頁。

為違法會社。」[1] 至此單純的經濟事件被垫向嚴重化和擴大。

港英為了進一步向工會施壓，副警司於2月9日晚上9時率大批警員，偕同總督察妙理臣（？）前往同德工會，同行尚有歐籍探員10名，華籍探員10名，印籍警員4名，華人警員8名和翻譯伍冰壺（？）等總共約30餘人，首先前往德輔道西398號4樓同德工會。是時會內有8人，警員在工會內大肆搜查一遍，警司下令將所有玻璃器具、招牌和傢私等，全部搬回警署。

警員對會內8人說：「政府已經解散此工會，此後如有與該會有關係的人，都會被拘捕。」

副警司率隊繼續到德輔道中84號4樓海陸理貨工會搜查，當時會中有3人，警員將各人搜身一遍，然後又是將會內物品搬走，並無拘捕任何人，這是近日來警方的第三次搜查行動。[2]

隨後，港英力出招壓迫工會，召集了一百餘間海員宿合開會，要他們簽名退出海員工會。[3]

面對日漸嚴峻的形勢，港英召開議政局（今行政會議）會議，只有司徒拔、輔政司、法政司（即律政司）、警察司和夏理德等英籍高級官員開會，會議內容保密，劉鑄伯、周壽臣等高級華人無法得知會議內容，[4] 可見港英是不信任華人的，但高級華人仍死命效忠，始終得不到政治

[1] 同上 1922 年 2 月 9 日，第 1 張 3 頁。
[2] 《華字日報》1922 年 2 月 11 日，第 1 張 3 頁。
[3] 盧權等：《林偉民》，第 93-94 頁。
[4] 《華字日報》1922 年 2 月 2 日，第 1 張 3 頁。

上的徹底信任，無法涉足高度秘密。

面對煤炭工人勢將罷工，煤炭供應商黃錦英（？）將港英的煤炭訂單退回給港英，表示煤炭工人將會罷工無法落貨，今早6時運煤炭的駁艇已經罷工。[1]

在這形勢下，已下跌的柴價再次上漲，每元只有30斤。搶米風潮後的穩定食米供應措施起作用，米儲量十分充足。但唯利是圖的商人仍抬高米價，謀取高盈利。有人在家中儲存一百罐餅乾，一千罐臘腸等食品。[2]

罷工已經三個星期，2月2日港英派出數十名武裝軍警到海員工會搜查，藉口海員工會「與殖民地的和平及良好秩序不調」（incompatible with the peace and order of the Colony）為名，宣佈海員工會為「非法團體」（unlawfull society），[3] 拘捕職員，抄走文件，封閉會所，並把「中華海員工業聯合總會」招牌除下。工會會所被封，不但對已遷往廣州的罷工總部指揮罷工毫無影響，更造成法律上面嚴重的死結。工會堅持港英一日不解禁把工會復原，就一日不談判復工。當年工會國家民族觀念濃厚，認為港英將孫中山命名的招牌除下，以武力威嚇，工會若因此而退縮有辱國體，將問題加添政治色彩。海員罷工亦由純的勞資糾紛，滲入工會與政府對抗的政治糾紛。港英要鞏固統治地位，工會則要取得社會地位，亦要爭國體。

罷工蔓延到汕頭、江門、廣西省北海市、海南省海口市等，這些地方的海員先後加入了罷工行列，連上海的

---

[1]　同上。
[2]　同上。
[3]　鄭宏泰等著：《何東》（香港：三聯，2007），第 133 頁。

海員也捲了進去,影響到新加坡、泰國等地港口的運作。汕頭海員舉行同情罷工,成立汕頭海員罷工辦事處,通電聲援香港海員罷工,組織糾察隊,阻止糧食、日用品運往香港。汕頭各工會援助罷工。[1]

這時從香港開往各港口的輪船一經靠岸,香港海員即紛紛上岸實行罷工。甚至從歐美開往香港的輪船,船上的香港海員在航行途中得悉罷工的消息,紛紛作出罷工的準備,因此,有些輪船不敢按原定計劃把船開往香港,有些輪船仍在途中已企圖撤換香港海員。但是仍不能制止罷工蔓延。[2] 在港英的壓力下,催促了百餘名在港海員北上廣州。[3]

太平洋輪船公司將罷工海員二百二十人轉換成菲律賓海員,提督輪船公司亦撤換罷工海員,美國船公司的廣東海員只餘下不足二千餘人,中國郵船公司亦參照美商的做法,在上海招募了一百六十人,前往香港替換罷工海員,將中國號開往上海,開除所有罷工海員。國內船公司亦決定以上海海員更換罷工海員。[4]

罷工近四星期,港英面對社會輿論壓力日大,高壓手段又不能奏效,已無計可施。

2月5日因罷工而停泊在香港的輪船有 168 艘,二十六萬噸,其中以英國輪船為多,共有 76 艘十二萬多噸,佔總噸位的 45%。加上帆船和運貨船工人也一律罷工,

1 盧權等:《林偉民》,第 130-131 頁。
2 鍾點編:《香港海員大罷工》,第 23 頁。
3 《香港華字日報》,1922 年 2 月 4 日,第 1 張第 3 頁。
4 鍾點編:《香港海員大罷工》,第 33 頁。

水上交通完全停頓，市面食物短缺，物價飛漲，洋行商戶生意一落千丈，損失巨大。[1]

中國郵船公司中國號因罷工滯港已達一個月，每日損失三千元，累計損失達九萬元，南洋航線和滬港航線等停留在港的船隻達一百多艘，累計損失總達百萬元以上。因無人卸貨，貨物積壓在貨倉和船上及碼頭地面，貨物因受到風吹雨打而變壞，船公司要向貨主賠償損失，這些損失無法估計。損失牽連及上海、廣州的商人，紛紛要求港英調停罷工。[2]

東華調停罷工

搬運工人罷工大多是被動的，甚至可能在受到威脅的情況下才罷工。鑑於華民政務司向工人發出通告，邀請希望復工的工人向警方報告，並承諾警方會保護工人，二百名碼頭搬運工人於2月5日向警方表示希望復工，結果由警方帶領到卜公碼頭集合，然後乘船到九龍倉搬貨，貨物中有柴薪、蔬菜及米糧等。[3] 相對整個港口運作來說，這二百人只是少數，因大多數搬運工人仍在罷工中，對罷工未能做成任何影響。

罷工進入第四週，港英力圖扭轉局面，利誘運輸工人復工，以每名工人日薪 1 元半的優厚工資，並加上供

---

[1] 李新等總主編：《中國新民主革命通史》第 1 卷（上海：上海人民，2001），第 540 頁，引：《申報》1925 年 2 月 5 日。

[2] 鍾點編：《香港海員大罷工》，第 35-36 頁。

[3] 姚穎嘉著：《群力勝天》（香港：三聯，2015）。

應午餐等,冀能吸引工人開工。港英張四處貼佈告,總共招募了運輸工人 2,400 名,

警署貼出告示:

「現招苦力二千四百名,每日工銀一元半並連午膳一餐,如有志者請到中環警署役報,以備取錄。

一九廿二年式月七號」

警方並派出軍警保護他們工作。應募者源源不絕,吸引了平日在街邊販賣食物的小販,放棄正在經營的攤檔前往應募。

警方訂下辦法,不論外資船務公司、洋行或華人商店如須要僱用搬運工人,可於早上 7 時到中環警署偵探房 32 號向加蘭(?)督察處報名,聲明需要搬運工人數量,由警方分派警員保護前往開工。[1]

警方第一批錄用了二千六百人,當中有貨倉、煤炭和卸貨搬運工人,分發到怡和、太古、鐵行和九龍倉等地點工作。[2]

高薪之下是可以招募得到工人,但不合乎經濟效益,警方於 2 月 14 日只好將日薪降為 1 元。[3]

---

[1] 《華字日報》,1922 年 2 月 10 日,第 1 張 3 頁。
[2] 同上,1922 年 2 月 9 日,第 1 張 3 頁。
[3] 同上,1922 年 2 月 15 日,第 1 張 3 頁。

2月7日謠言滿天，傳說華界有事發生。晚上9時沙田警局燃放火箭信號召集大隊警員，準備隨時出動。[1] 港英加強在新界戒嚴，派英軍駐守大埔。[2]

在解決罷工沒有進展的情況下，東華醫院總理及顧問召開會議，討論海員罷工事宜，首先由主席盧頌舉發言：「本院桑梓各行商及三十餘號來信，要求本會開會磋商，妥善籌措一個辦法解決海員罷工一事。本會既然受街坊大眾所邀請，似乎難以推卸，如何處理，請大家一起決定。」

李亦梅（1882-1957）說：「東華醫院為至大慈善機關，對於今次罷工風潮，似乎應該出面維持為適合，至於是否有效？極難預料。以弟愚見認為，請東華醫院聯合各邑商會，出力維持，未必沒有效果。」[3]

會議決定介入調停罷工，由盧頌舉前去見夏理德，了解港英的態度和動向。

盧頌舉是香港黃埔船塢有限公司（The Hong Kong and Whampoa Dock Co. Ltd.）經理，海員大罷工解決後，獲港英信任授予太平紳士銜，又任報紙檢查員等公職，加入保良局出任總理，3次擔任團防局總理一職。

當時東華三院只有東華醫院和廣華醫院兩間，東華東院在1929年才成立，而介入調停罷工只是東華醫院。

2月6日東華再召開會議，盧頌舉說：「弟昨天去見華民政務司，獲批准本院明日開會磋商調停海員罷工一事，

---

[1]　同上，1922年2月9日，第1張3頁。

[2]　同上，1922年2月11日，第1張3頁。

[3]　〈東華醫院創院90年之沿革〉，載香港東華三院發展史編纂委員會：《香港東華三院發展史》，第1輯（香港：1961），第7-8頁。

但是身處調停人地位，言詞必須十分慎重，應該處理，請大家決定。」

會議認為東華是慈善機構，斷不能離開慈善宗旨，由於翌日是原定舉行大會日期，時間甚為短促，所以延期至2月8日（農曆正月十二日）下午2時半，才舉行市民大會（坊眾會議）。[1]

開大會日期決定了，東華在報章刊出《調停罷工告白》：

「公啟者：敝院接到各行商及30行商號來函，詳及海員罷工以致交通斷絕，輪運停頓，請設法維持。故敝院定於本月12日下午兩點半鐘敍會。敬請闔港各行及各邑商會各派代表1位屆時惠臨指示，切幸勿吝玉為荷。

壬戌　元月拾壹日

東華醫院謹啟」[2]

東華對於調停海員罷工一事非常謹慎，以往在鼠疫事件中，東華被華人指責未能力爭華人利益。反法罷工中，東華却被英商指責借用華人罷工搞事，謀取華商利益。在兩面不討好的情況下，東華如何定位調停罷工。事實上東華地位特殊，在省港一帶有良好人脈和地位，應是調停人

1　《東華醫院創院 90 年之沿革》，載：香港東華三院發展史編纂委員會：《香港東華三院發展史》，第 1 輯（香港：1961），第 7-8 頁。

2　《香港華字日報》，1922 年 2 月 6 日，第 1 張 3 頁。

最佳之選。[1]

　　一向以來的書刊都指港英採用以華制華策略，主動明示或暗示東華出面調停罷工。但從盧頌華以上的發言來看，東華是應華商邀請出面調停罷工的，然後才找華民政務司商議。

　　另一方面，香港各行船館的主任，派出了盧俊文（盧俊民、盧俊明，？）等代表 8 名上廣州，徵求在廣州的海員有關罷工的意見。[2]

　　海員工會綜合廣東交涉署政務科科長李錦綸（1868-1956），及行船館代表講述的內容，和各方面的消息，遂在廣西會館舉行罷工海員大會，行船館8名代表之一黎玉書（？）報告港英的態度，陳炳生宣佈諮詢各會員有關解決罷工的辦法，磋商復工條件，會上選舉全權代表4名：盧俊文、陸常吉（？）、翟漢奇和蘇兆徵等。[3]

　　會上一致通過要在港英首先答應恢復工會的前提下，然後才談判，並通過下列解決罷工的辦法：

　　（甲）暫時辦法如下：

　　1. 工人月薪在十五元以下的加百分之四十；

　　2. 工人月薪在二十五元以下的加百分之三十；

　　3. 工人月薪在二十五元以上的加百分之二十；

　　4. 必須首先承認後面（丁）項原則，然後開始商談暫

---

[1]　丁新豹：《善與人同》。
[2]　《華字日報》1922 年 2 月 11 日，第 1 張 3 頁。
[3]　《華字日報》，1922 年 2 月 9 日，第 1 張 3 頁。

時辦法。

如果船主承認此項暫時辦法，全體海員即刻復工，由公斷處商議（丁）項決議案。

（乙）公斷處設在廣州。

（丙）公斷處由下列人員組織：

1. 廣東政府代表；

2. 英國總領使代表；

3. 外資船主代表；

4. 華資船主代表；

5. 海員代表。

公斷處人數由廣東政府和港英商議後決定，這個公斷處有討論解決罷工之權。

（丁）中國海員工會提出下列八條，請求公斷處討論。

1. 工人工資在每月三十元以上的加百分之三十，在三十元以下的加百分之四十；

2. 罷工之後，復工工人不以任何理由歇業或降職；

3. 工資增加適用於現在香港停泊的輪船，和從各埠向香港開駛的輪船；

4. 船主僱用海員，須由海員工會介紹，以免經手人克扣工資；

5. 簽訂僱用海員合同時，須有海員工會派證人到場，否則無效；

6. 無論海員或海員工會的職員不得因無故遞解出境；

7. 加薪日期由一九二二年一月一日起；

8. 海員復工後，僱主須加以平等待遇，不得苛虐。[1]

工會接受了港英部份建議，提出設立公斷處，並將要求具體詳細列出。會後工會經英駐廣州領使即電告華民政務司，並在丁項辦法所列八條之外，再加一條，堅持要恢復中華海員工業合總會之原狀，及釋放被拘捕的工會辦事人，共九條復工條件。[2]

「香港華民政務司夏大人鑒：

昨日港寄宿舍代表盧俊文等八人來省得悉各情，經今日開同人大會，議表決先將中華海員工業聯合會恢復原狀後，即行開始調處，如蒙俯允仰訓，覆駐粵英領使轉達同人等。

駐粵中華海員全體同叩」[3]

工會一方面將復工條件電告港英，另一方面，於是日到廣東交涉公署面謁李錦綸，講述會議結果，請李錦綸據此調解罷工，李錦綸據大會結果致電港英。[4]

---

1 鄧中夏：《中國職工運動簡史》，載：鄧中夏：《鄧中夏文集》，第 464-475 頁。
2 鄧中夏：《中國職工運動簡史》，載：鄧中夏：《鄧中夏文集》，第 466 頁。
3 《華字日報》，1922 年 2 月 9 日，第 1 張 3 頁。
4 同上，1922 年 2 月 9 日，第 1 張 3 頁。

海員工會又致函廣州總商會和香港華商總會。

「敬啟者：

　　ＸＸ海員罷工，凡與港滬來往各行Ｘ，及辦出入口貨物者，蒙影響，商務因而停滯，物價由是奇昂，牽動各Ｘ咸受損失，各行商異常憂慮，想貴總會為Ｘ比省地尤切用，特專函佈達台端，希為查照，就近雙方調停，早日解決以利交通，而經商務Ｘ。祈見覆是Ｘ殷月殷盼專泐，並頌春綏。

　　唯照。」[1]

　　廣東總商會致電粵港各政府，提出意見。[2]　陳炳生見記者說，現在粵港商會都發表了意見，可望早日解決罷工問題。[3]

　　2月8日（農曆正月十二日）下午2時半，東華舉行市民大會，出席者共有98名總理、協理、顧問出席，連同街坊等人合計有五百餘人。[4]

　　出席市民大會者有：買辦何華堂（？）、商人梁弼予（？）、香港國民商業儲蓄銀行有限公司董事陳少霞（？）、黃秀生（？）、葉露韶（？）、馮汝臣（？）、

---

[1]　《華字日報》1922 年 2 月 9 日，第 1 張 3 頁。
[2]　《華字日報》1922 年 2 月 9 日，第 1 張 3 頁。
[3]　《華字日報》1922 年 2 月 9 日，第 1 張 3 頁。
[4]　丁新豹：《善與人同》（香港：三聯，2009），第 152 頁；引：《東華醫院董事局會議紀錄》1922 年（壬戌）正月 12 日。

李杰初（？）、洋煤公司東主曾富（曾兆榮、？）、唐子初（？）、區紹初（？）、李聘侯（？）、林鳳巢（？）、怡和買辦何甘棠（何棣生，1866-1950）、怡和買辦岑伯銘（？）、寶順輪船有限公司東主李葆葵（1872-1963）、當舖大王李右泉（1861-1940）、德忌利買辦陳賡如（賡虞，1863-1924）、東亞銀號東主馮平山（1860-1931）、沙宣洋行買辦何世光（？）、匯豐銀行買辦何世榮（？）、華商總會葉蘭泉（1868-1948）、律師羅文錦（1893-1959）、定例局議員羅旭龢（1880-1949）、李亦梅、葉廣田（？）、中山僑商會唐溢川（？）、金山庄行李耀堂（？）、陳碧泉（？）、紗廠東主杜四端（1859-1940）、商人郭少流（？）、律師周埈年（1893-1971）、東亞銀行董事龐偉廷（？）、黃麗川（？）、紳商李榮光（？）、順德商會總理伍漢墀（伍漢持，1876-1923）、李瑞琴（？）、康年銀行創辦人李星衢（1879-1955）、黃活泉（黃慰慈，？）、林翰屏（？）、馬沃川（？）、朱嶧桐（？）、林德儔（？）、李礽藻（惠余、？）、陳樹階（？）、郭墨緣（？）、尤瑞芝（？）、陳聘予（？）、林圃香（？）、捷成洋行合夥人周雨亭（纘霖、1872-1933）、香港國民商業儲蓄銀行有限公司董事吳東啟（？）、上海聯保水火險有限公司司理陳符祥（？）、平安棧司事熊鑑泉（？）、劉少彭（？）、郭聘候（？）、陳連學（？）、黃緝臣（？）、黃沛霖（？）、陳漢年（？）、蘇浦雲（？）、周楊（？）、麥喜（？）、袁燦平（？）、梁耀初（？）、關少模（？）、徐煥文（？）、商人陳鑑坡（？）、麥曉東（？）、黃沛棠（？）、丘頌濤（？）、彭炤庭（？）、潘衡石（？）、義安工社黎棟軒（？）、項佐伯（？）、審計師劉毓芸（？）、鄧伯俊（？）、書法家李供林（1898-1979）、黃鑑人（？）、

蕭全（？）、廠家伍耀廷（？）、商人麥禮廷（？）、鄧玉泉（？）、煥然理髮工會徐公俠（？）、同樂別墅劉雨泉（？）、韓夢予（？）、鄭慰武（？）、蔡元（？）、林仲甫（？）、羅遜卿（？）、徐育之（？）、陳球（？）、梁雲生（？）、鄧湛元（？）、湛光卿（？）、劉尊繁（？）、潘雨溪（？）、徐子彬（？）、馮蕙辰（？）等97人。[1]

主席盧頌華說：「承南北行、九八行、金山庄行、銀行行、花紗行、疋頭行、香港暹羅米行、東京行、[2] 聯益行、檀香行、參茸行、合益公司、硯硃行及30餘號來信：着敝院維持海員罷工一事，這次本港海員與船東因加薪問題，雙方相持不下，已經有4星期多了。這個種問題，今日仍未解決。本院身為慈善機關，未有妥善辦法處理，請各行各商會及在座諸君，發表偉論。」[3]

海員罷工後，盧頌舉所說的南北行、金山莊行、銀行行、花紗行、疋頭行、米行、東京行、聯益行、檀香行、參茸行損失慘重，這批華商是東華的重要捐款者，是東華經費的主要來源，[4] 所以東華不能輕視這批商人的訴求。

接着由葉蘭泉發言，詳細報告華商總會調停海員罷工情形。

繼由金山庄行代表李耀棠發言：建議推舉第三者代表出面調停，認為這樣才有轉圜的機會，否則香港前途不堪設想。

---

[1]　《東華醫院創院 90 年之沿革》，載．香港東華三院發展史編纂委員會：《香港東華三院發展史》，第 1 輯（香港，1961），第 8 頁。

[2]　這的東京不是指日本的日本的東京，是指越南北部，舊稱東京。

[3]　《東華醫院創院 90 年之沿革》，第 8 頁。

[4]　蔡思行著：《香港史 100 件大事》，第 234-235 頁。

徐公俠、徐子彬、陳君漢（？）等次第發言，大意說：雙方各讓一步方可解決問題，建議一方面請海員顧全大局，不可阻止糧食來港，另一方面請船東增加多一點工資，則容易解決問題。

何世光發言：建議推舉代表數人，與雙方面都沒有關係的，向兩者進行調停，務求早日解決罷工。

羅旭龢說：「必須設法維持治安、秩序，這是最重要的。」

唐溢川的發言：「東華應該出面維持局面，如選派代表立即上廣州，勸海員工會切勿阻止糧食來港，從速和平解決罷工，否則非廣東人之福。」

伍漢持發言：也認為最好由東華代表全港市民上廣州，徵求海員工會意見。另外提議請廣東政府派出公正人調停罷工，這樣才會容易解決罷工問題。

羅文錦發言也認為選出代表，向雙方疏通才能解決罷工。

葉蘭泉說：最好由東華請海員工會派代表回港面商，現今由東華先打電報給海員工會，然後再發邀請信，我們應派1名代表持信上廣州敦請。

最後大會通過推舉東華主席盧頌舉與保良局主席李順帆為慈善界代表，華商總會李葆葵、馮平山、葉蘭泉等3人為商界代表、華工總會劉星翹（？）、黎棟軒、周德存（？）、劉雨泉、徐公俠和鄭慰武等6人，加上僑港工團梁麗堂（？）和潘賜（？）兩人為工界代表，一起代表

全港市民，北上廣州與海員工會磋商解決罷工方法。[1]

會後東華、華商總會、工團總會以「闔港街坊」名義致電互助總社和海員工會，邀請海員工會派代表回港商談。

罷工發展至此，可見南北商人集會，大部份人都埋怨海員工會，華人內部勞資對立表面化。

2月9日海員工會答應派代表回港商談，覆電東華：

「闔港諸君鑒：

聞電悉，商派代表來港出席。

駐粵海員全體叩」[2]

海員工會並不是以工會名義致函東華，而是全體在廣州的罷工海員，這樣東華就不是和非法組織接觸，對東華的活動有利。

東華接覆電後，即晚召集各界代表到東華大堂開大會，磋商如何覆函海員工會，信件以東華、華商總會、華工總會、僑港工團總會和保良局等代表名義發出，並致電互助總社、海員工會請其派代表來港。[3]

1　《東華醫院創院 90 年之沿革》，第 8 頁。
2　《華字日報》，1922 年 2 月 10 日，第 1 張 3 頁。
3　同上。

▲東華三院大樓入口大門口。　（龍少攝）

會後即派鄭慰武和徐公俠於2月10日早上，親持信件搭早班火車上廣州，交海員工會。

海員工會回函東華及致函華民政務司，就1月17日提出的條件，再加上一條首要條件，恢復海員工會原狀，及現被封各工會與被拘禁的辦事人，又將要求電告港英。東華代表團中的華工總會在廣州與蘇兆徵會面後，會將工會的決議帶回香港轉交港府英。

回到香港的行船館代表謁見夏理德，講述上廣州經過情況，聲言工會堅持先恢復工會後復工。

夏理德說：「恢復舊工會是無可能的事。」

夏理德建議說：「但可以批准他們改組，另立會名，或以『中華航海總會』註冊，重新選舉職員。」

八名代表進一步問：「會址如何解決。」

夏理德直接了當地說：「當然不能用回舊的地址，要另覓會址。」

會面結束後，八名代表離去。晚上行船館仍有代表上廣州，兩名代表則在港等消息。[1]

工會當然不會答應港英的條件，反而更加積極地去擴大罷工，爭取各業工人發動同情罷工。

磋商解決罷工

罷工已將近1個月，據統計，到2月10日，罷工已使5

---

[1] 同上，1922 年 2 月 11 日，第 1 張 3 頁。

條太平洋航線和9條近海航線陷於癱瘓。[1]

　　港英對工會進一步施壓，於 2 月 8 日在《政府憲報》宣佈同德、集賢和海陸理貨等 3 間工會是非法組織，根據《社團條例》指控它們影響香港社會和平和秩序。[2]

　　港英為了穩定生活必需品的供應，下令禁止大米、煤和麵粉等出口，但有適合之情理經港英許可者，仍可運出，如資助澳門。[3]

　　中山商人唐溢川，陳賡虞因石岐航渡受罷工影響停航，食品無法來港，致電香山知事吳ＸＸ，要求維持交通，運送果菜來港。[4]

　　這時，上海香港海員後援會召集上海各工團開會，討論援助香港海員罷工。會上決定派人再勸告上海海員勿破壞同業團體；各團體紛紛捐款援助香港海員，囑香港海員「堅持到底，勿擅讓步。」[5]中華工黨同盟匯一千元支持海員工會。[6]

　　華工總會 7 人再次到廣州，工會得悉港英最新態度，於是假座廣西會館舉行全體會員大會，大會首先歡迎工團總會代表到廣州，工團總會代表譚湘（？）、蕭湛（？）、黃金源（1871-1944）、陳傑卿（？）、鍾鶴林（？）等先後發言演說，語多慰問勸勉。

1　李新等總主編：《中國新民主革命通史》第 1 卷，第 539 頁。

2　姚穎嘉著：《群力勝天治》，第 152 頁。

3　《華字日報》，1922 年 2 月 9 日，第 1 張 3 頁。

4　同上。

5　鍾點編：《香港海員大罷工》，第 32 頁。

6　《華字日報》，1922 年 2 月 14 日，第 1 張 3 頁。

工會因應港英最新態度，於 2 月 10 日舉行全體海員大會，着重討論關於恢復海員工會問題。會上，香港行船館代表黎玉書等 3 人及工團總會代表黃金源、鍾鶴林、陳傑卿等將華民政務司對恢復工會之要求所表示「招牌要改，地址要遷移」的意見宣佈。首先由黎玉書作報告，講述港英的態度，希望工會更改會名為「香港中華海員總工會」，就會批准立案註冊。全體海員認為，工會改名遷移地址等同重新創立工會，無論如何必要恢復工會原狀方能調停。因此即時決議再派黎玉書等 3 人回港向華民政務司覆命。[1]

大會作出決議電覆港英：

「代表黎王書等省聲稱俯允恢復本會，惟招牌略改一節，經開同人大會議決，求將本會原狀依舊恢復，俾得派代表到港磋商。

駐粵海員全體同叩」

海員工會同時電覆東華：

「東華醫院各界諸公：

同人經再電撫華道[2] 請恢復本會原狀，乞協力代請，海員等選代表。」

---

[1] 鍾點編：《香港海員大罷工》，第 73-74 頁，引：《申報》1922 年 2 月 11 日。

[2] 即華民政務司。

黎玉書和工團代表等先後回港覆命。[1]

港督已頒令指海員工會是非法組織，南下香港的海員是代表海員工會的，即是非法組織的代表，有會被拘捕的可能，華民政務司為表示解決問的誠意，準備為海員代表發給一張憑證，海員代表到港磋商罷工事宜時，保證不會有任何事件發生。[2]

在這個調停氣氛下，出現了有利船公司的情況。上海來電稱，有新僱海員540人將於10日到港，在上海乘搭太古宜昌號前來，替代滿提高號、毡拿號、日本皇后號的罷工船員。這批新人將由歐籍人士管理，將會在維港水域以外轉船，尚有3批海員不日啟程來港。[3] 有四百名海員及一千名搬運工人於月中來港。[4]

在調停氣氛彌漫下，英領使致電司徒拔：

「茲事之主要人物請交涉員通知，本署謂已準備派代表赴港與船東會商，惟須恢復總工會及須保證無被捕情事，並言對香港所恐嚇之事彼輩不能負責，但於會議時，如目非法社會上之會員，則名不甚正也。

廣州領使傑彌遜上」

司徒拔電覆傑彌遜：

1　《華字日報》，1922年2月11日，，第1張3頁。
2　同上。
3　同上，1921年2月10日，第1張第3頁。
4　同上，1921年2月15日，第1張第3頁。

「七日電悉，可以安全保護，惟工會不能復開，如委員係代表廣州海員而非代表工會則末句之點當然不成問題，無論在港在省在石龍均有恐嚇情事，已無疑義，工會人員是否已準備宣言，絕無恐嚇情事，而使回復工作之人員無所顧慮。

港督司徒拔覆」[1]

調停在即，司徒拔仍視工會為非法組織。英國駐華外交機構主要由駐北京公使館和駐中國各地的領使館組成，依據國際法，北京英事館全面代表派遣國，與接受國北京政府進行外交往來，全面代表英國，而廣州領事館只有護橋、商業和航業等領事職務範圍內的事務，與廣州當局進行交涉。[2] 由於英國不承認廣東政府為中國代表，視北京政府為中國代表，廣東政府是廣州地方代表。所以這次交涉不由北京駐華公使負責，由英駐廣州領使負責進行交涉，而且是商務問題，不是外交問題。

港督和領使分隸屬不同的部門，司徒拔隸屬殖地部，傑彌遜隸屬外交部，香港和廣東政府進行交涉的正常渠道應是通過英駐廣州領事館。但香港情況特殊，港英對廣東地方政府一向是採取就地交涉主義，無論英國對中國外交關係好壞如何，港英不能不和廣東政府打交

---

1 《華字日報》，1921年2月10日，第1張第3頁。
2 徐靜玉著：《廣州政府與英國的政治交涉研究（1918-1926）》（北京：社會科學文獻，2013），第25頁。

道,有時會避開正常渠道,與廣東政府直接接觸,[1] 在罷工問題上,就出現了這情況。

罷工已經1個月,2月15日返抵廣州的運輸工人達六千餘人。[2]

太古的長沙號到達香港,太古計劃將該船海員全部轉過太原號工作,船上寧波海員不允,相繼登岸罷工。[3]

2月中旬廣州總商會致函華商總會說:「……海員罷工,凡與港滬來往各行號及辦出入口貨物者,均蒙影響,商務因而停滯,物價由是奇昂,牽動各方,感受損失,各行商異常優慮,……就近雙方調停,望早日解決,以利交通,而維商務,……」。[4]

2月12日,海員工會派出盧俊、陸常吉、翟漢奇、蘇兆徵等4人為全權代表回到香港談判,提出九項條件。[5]

蘇兆等4人回到香港,即到東華見各總理,各總理為求穩妥,要求4位代表證實是駐粵全體海員的全權代表,請海員工會致函東華承認此4人的身份,然後才召開香港全體華人大會。[6]

2月14日,蘇兆徵等4人再到東華開會,會後與東華總理聯袂去見華民政務司夏理德,蘇兆徵等堅持先將海員工會恢復,然後才復工。

---

[1] 同上。
[2] 《華字日報》,1922年2月9日,第1張3頁。鍾點編:《香港海員大罷工》,第35頁。
[3] 同上,1922年2月14日,香港,第1張3頁。
[4] 鍾點編:《香港海員大罷工》,第36頁。
[5] 《東華醫院創院90年之沿革》,第8頁。
[6] 《華字日報》,1922年2月14日,第1張3頁。

夏理德回答說：「如果要恢復原來的海員工會絕對不可能，不如另改會名，或者另外組織一個新工會，政府就會答應你們的要求。」

　　會面無結果而散會，會面雖然無結果，但夏理德仍函請蘇兆徵等下午 4 時再到署會談。

　　蘇兆徵等依約到華民政務司署，見面談話數句後，夏理德邀請蘇兆徵等及華商總會、東華等調停代表一齊到渣打銀行大樓的香港總商會的會議室開會，香港總商會主席與夏理德及各調停代表皆出席。夏理德請記者退出會議室，不准旁聽，記者只好退出會議室。[1]

　　港英連續兩天（14-15 日）召開議政局會議，劉伯鑄和周臣壽應邀出席，劉伯鑄在會上分析廣東政局，認為海員罷工是香港與廣州的一場政治角力，海員得到廣東政府的支持，但陳炯明與孫中山有矛盾，國民黨可能會在廣州成立共黨政權，並打算以黃埔取代香港的貿易港地位，要留意國民黨可能指使華機會發動罷工。周壽臣支持劉伯鑄的建議，拒絕讓海員工會復會，認為港英的立場不能再後退一步，要加強鎮壓工會的力度。兩名華人發言後退席，司徒拔不甚同意劉伯鑄和周臣壽的意見，正考慮恢復海員工會，夏理德反對恢復海員工會。會議決定準備由英軍接掌天星小輪、纜車和發電廠。

　　基於自身經濟利益的考慮，華商疾視工會。經濟與政治密不可分，為了打壓工人階級的集體抗爭，中外資本家與港英合作無間。[2]

<hr />

[1] 《華字日報》，1922 年 2 月 15 日，第 1 張 3 頁。
[2] 蔡榮芳：《香港人之香港史》，第 113 頁。

傑彌遜，古應芬繼續努力調停罷工，先後召見陳炳生。[1] 陳炯明接受《華字日報》記者訪問，充滿信心說，罷工將於一個星期內解決。[2]

蘇兆徵等再到東華與東華、保良局、華商總會代表等調停人商談。盧頌舉訴說調停人的困苦，希望海員工會依夏理德的條件復工，說：「恢復工會是可以的，但不是原來工會的名稱，應改變招牌，添多或減少幾個字，工會招牌不能送還，這是與政府的威信有關，政府不能收了去又送回來。關於加薪是可以的，但是你們都知道的，各船的情形是不同的，最好你們先上工，我們大家從詳商議，那船該加薪，那船該減薪，定出一個公平辦法來。」[3]

這時蘇兆徵毅然站起來答覆說：「工會名稱是一個字都不能改，工會招牌必定要送還。各船情況雖略有不同，然而工資太少，不能維持生活是普遍的現象。所以加薪要馬上簽字確定，不能等待以後詳細商議。」[4]

海員代表更聲言：「增加工資，改良待遇，是天經地義的事。而香港政府反而把工會封閉，且把同情罷工的工會也封閉；還要逮捕工人，拘禁領袖，是何道理？你們為什麼只替政府說話？政府沒有道理，你們為什麼

1　《華字日報》，1922 年 2 月 14 日，第 1 張 3 頁。

2　《華字日報》，1922 年 2 月 14 日，第 1 張 3 頁。

3　鄧中夏：《蘇兆徵同志傳》，載：鄧中夏：《鄧中夏文集》（北京：人民，1983），第 394 頁。

4　《華字日報》，1922 年 2 月 16 日，第 1 張 3 頁。鄧中夏：《蘇兆徵同志傳》。盧權等：《林偉民》，第 100-101 頁，引《申報》，1922 年 2 月 23 日，上海。

不幫助我們，你們若有本事叫政府給還我們工會招牌，就有話可說，否則我們即刻回廣州去。」[1]

盧頌舉見話不投機，乃改變態度，試圖以民族感情折服海員代表，說：「你們罷工我們不反對，但你們要顧念香港現在已到了糧盡食絕的地步，你們豈不是要把數十萬留居香港的中國同胞活活地餓死！」

蘇兆徵反擊說：「是的，香港居民將面對沒有糧食的情況，這是事實。我們早已預計到會如此，而且早已掛念著。但是，我們掛念香港居民，而你們卻一點也不掛念海員，我們海員老早就有幾十萬人要餓死了。我們此次罷工，更苦得要命，天寒地凍肚子餓，你們為什麼不曾說一句救濟的話呢？」[2] 商談再次沒有寸進而結束。

蘇兆徵等再應東華代表邀請，同到華民政務署商談。當晚匯豐、怡和、wion燕梳公司等代表與蘇兆徵等談判，[3] 談判也無結果。

會後，華民政務司以公文向海員代表提交取銷封閉工會的四項條件。這些條件是：

1. 海員工會之被封全因溢出正常範圍，有違港例之故，並非因其例加工會；

2. 督憲[4] 必要證明確非犯例始可改易現時之狀態；

---

[1] 鍾點編：《香港海員大罷工》，第 39-40 頁海。
[2] 盧權等：《林偉民》，第 100-101 頁。
[3] 鄧中夏：《中國職工運動簡史》。盧權等：《林偉民》，第 101-102 頁。
[4] 意指港督。

3. 如欲證明其非犯例，則各海員及前牽入罷工之各行工人一律回工及本港一律復回原狀方可能作為非犯法之證據；

4. 如工人依照船東所許之三條件先後回工聽候公證人判決，則督憲取銷前日封禁該會之告示。現各船東因督憲之勸已允願復回先前所允加之工金，即由各船員回船開工之日起計，此規定之工價，不過作為公證人未判斷前行假定之數目，並非公證人據為底價，他日或加或減，均由公證人全權核定。

若工人按照這些條件復工，督憲才宣佈取銷封禁工會之命令。[1]

港英後退了半步。海員代表則堅持立場，當面拒絕港英的條件。港英一再要求代表將這些條件帶回廣州，交罷工海員考慮。代表鄭重聲明，帶回公文可以，但這樣不等於接受了公文上的任何條件。[2] 是日蘇兆徵等乘尾班火車返廣州，只餘下1名代表留港至翌日，於翌日早上也乘火車返廣州。[3]

翟漢奇等回港後，先與東華總理盧頌舉和陳少霞等調停人商談，蘇兆徵等繼而與東華、保良局和華商總會代表談判。

正午東華再與調人開會，會議進行了一半，華民政務司來電話，請盧頌舉到署，並說司徒拔有一信在華民政務司。盧頌舉離去後，羅旭龢站起來對各人說：「今天早上

1　鍾點編：《香港海員大罷工》，第 40 頁。
2　同上，第 75 頁。
3　《華字日報》，1922 年 2 月 16 日，第 1 張 3 頁。

西商會主席冷君偕同鄙人謁見督憲，亦請求他准許將海員工會的英名會名恢復，不必改名，以解煩結。想起來，督憲此信之來是有好消息。各位請暫時在此等候佳音。」

第二次電話再到，請海員和調停人代表一律到華民政務署。

劉伯鑄和周壽臣在政務司前將司徒拔的意旨對蘇兆徵等宣佈，蘇兆徵等聽畢，有人微笑，但皆不發一言，夏理德遂命蘇兆徵等4人返廣州宣佈，速行復職，中華海員工業聯合總會10字恢復，加薪條件交由公正人判斷。

翟漢奇已於15日搭尾班車返廣州，餘下蘇兆徵等3人亦於16日早返廣州。[1]

蘇兆徵等返回廣州後，工會於2月16日假座廣西會館舉行全體會員緊急大會。這時發生陳炳生槍殺妻子被捕事件，會議首先改選會長人選，結果由蘇兆徵當選。蘇兆徵原任談判代表職務由林偉民繼任，然後由由4名談判代表向大會匯報談判經過，並將港英提出的四項條件交大會討論。大會決定：堅持先恢復工會，待工會恢復後，才能一面和船公司磋商條件，一面復工。[2]

在調停露曙光的情況下，部份停港輪船補充了新僱的寧波海員開船離去，某船務公司新僱天津和上海海員，不駛進港，船員在鯉魚門對海轉接，然後駛往上海。停在香港的輪船減為159艘，渣華公司招募了284名菲律賓海員。[3]

---

[1] 同上，1922年2月17日，第1張第3頁。
[2] 同上，1922年2月18日，第1張第3頁。
[3] 同上，1922年2月17日，第1張第3頁。

2月17日中午翟漢奇、林偉民和盧俊文等3人乘火車回到香港，即前往黃埔船塢辦房見盧頌舉，公司內各人正在午膳，無法會面，海員代表遂離去。在大馬路上翟漢奇遇見葉蘭泉，葉蘭泉問翟漢奇有沒有到東華，翟漢奇將剛才的情況說了一遍，並說下午3時會再到東華見盧頌舉。葉蘭泉立即通知東華和盧頌舉準備一切。

下午3時翟漢奇等3人來到東華，由盧頌舉和陳少霞兩人接入會議室見面，其後葉蘭泉亦到來。翟漢奇等拿出手書一份，內容是回覆東華、華商總會、華工總會及僑港工團總會，提出先要恢復海員工會，及確定加薪金額，然後才商談復工問題。雙方磋商後，翟漢奇等表示諒解調停人的苦衷，最後答應如果加薪金額確定下來，立即召集海員回港復工，但是要港英要批准海員，將行李搬上已封閉的海員工會內，及開工後翌日即將海員工會招牌掛回原來位置，餘下的七項條件由公正人判決。

東華商妥海員準備復工一事，即時由盧頌舉和葉蘭泉兩人帶翟漢奇等去見劉伯鑄，請他向司徒拔轉達此消息，然後再見夏理德。[1]

翟漢奇等其後又與夏理德進行商談，雙方堅持原來立場，互不相讓，談判又告失敗。[2] 至此司徒拔與夏理德對罷工的不同處理手法浮現，司徒拔已開始軟化，夏理德仍然強硬。

這時各行業正醞釀全港同盟大罷工，聲援海員工會。

---

[1] 同上，1922年2月18日，第1張3頁。
[2] 陳業承：《香港海員大罷工》，載：中共廣東省委黨史研究室編　：《香港與中國革命》（廣州，廣東人民，1997），第12頁。

香港各工團舉行聯席會議，議決援助海員，決定如果運輸工人同情罷工不能取得勝利，則在月底舉行同盟罷工，會後派7名代表北上廣州與海員工會聯絡，籌備一切。[1]

海員工會根據此一決議向各工會大肆活動，香港電車競進會、酒樓總工會、茶居工會、牛羊行工會、洋務工會等70多間工會都表示支持，但未能立即罷工。因為工人須等到月底才能支取工資，此時正是2月中旬，不能不略為等候到月底。各工會組織全港同情罷工辦事處，只提出援助海員的單一要求，並未附加自己的條件。

海員工會電告翟漢奇等，作出進一步指示：

「先要香港政府完全規復工會，一面再妥定所加之薪金，務得船員滿意然後肯開工，如以上條件不能到目的，則無磋商之必要，各代表可即返省。」[2]

這時，香港街上盛傳海員復工消息。[3] 東華於2月18日舉行第三次調停人大會，情況似略緩和。

2月19日，海員工會致電林偉民等：

「務須貫徹初衷即日解決，否則速行返省，萬勿遲延。」

---

[1] 鍾點編：《香港海員大罷工》，第 76 頁。
[2] 同上，第 41-42 頁。
[3] 《華字日報》，1922 年 2 月 18 日，第 1 張第 3 頁。

2月20日情況再生變化，林偉民等接到蘇兆徵發來強硬立場電報，提出先要港英完全恢復工會，另一方面要確定加薪金額令海員滿意才復工。如果以上兩個要求達不到目標，海員代表則沒有磋商必要，可以立即返回廣州。[1]

上午林偉民等偕同劉伯鑄、周壽臣、盧頌舉和羅旭龢等往見夏理德。

夏理德說：「海員如果要恢復原有的『中華海員工業聯合總會』，必須證明工人並無非法行為，如欲證明工人無非法行為，則應該從速復工，政府才會將會名恢復，取銷封禁令。至於薪金問題，即以船東首次提出所還的價格為底線。船員一方亦以以前提出讓步的價格為底線。雙方既曾有劃一的底線，則由公正人出面裁決，有加無減。從前港督曾說過『可加可減』4個字，今次只有加無減，你們工人可以滿意。」[2] 夏理德的話有以退為進的意圖。

林偉民等並無確實回覆夏理德，仍堅持民主程序，只是說要回廣州徵求全體海員同意，才可以回覆，林偉民等不能就此問題作出處理。[3]

12時，華民政務司署將復工條件四款改為三款：

1.各船務公司允將來交公正人議決薪金，則以其所答應的薪金為至低價；

2.恢復海員工會照港督2月15日的命令辦理；

3. 委任公正人，如船東船員彼此同意，由港督酌情辦

---

[1] 同上，1922 年 2 月 21 日，第 1 張 3 頁。
[2] 《華字日報》，1922 年 2 月 21 日，第 1 張 3 頁。鍾點編：《香港海員大罷工》，第 41 頁。
[3] 《華字日報》，1922 年 2 月 21 日，第 1 張 3 頁。

理。[1]

　　到了下午，林偉民會見記者，反駁夏理德的言論說：今次並不是海員不肯磋商，而是政府和船公司不肯立即恢復工會，及將加薪金額確定下來，以致另生波折。我們代表3人只好返回廣州，將夏理德的言論向全體海員宣布，由全體海員來決定。[2] 海員工會一切重大決定都是交由全體罷工海員民主決定。

　　是日晚上翟漢奇首先返回廣州，餘下的林偉民、盧俊文和陸常吉等3人於翌日搭早班火車返回廣州。雖未有公佈回港日期，但對盧頌舉說，他們定會於星期三（2月23日）回港。[3]

　　是晚，東華接到海員工會來信，聲言先要政府恢復工會，及確定加薪金額和之前提出的九項條件等，這些要求全部簽妥及承認後才肯復工，並多謝此次擔任調停角色的各位人士。[4]。

　　好消息一個接一個，傑彌遜於2月21日密電港英，指出船公司若在海員工會的加薪方案上，再增加30%，罷工就可能取得突破。港英覆電予以正面答覆，稍後華機會亦提出相同意見。由於華機會與廣東政府關係密切，可見廣東政府的態度，已轉向早日解決罷工，減輕廣州社會、經濟上的負擔。

　　英領事館在廣州一向是接觸陳炯明的，據說這個方案

1　同上。鍾點編：《香港海員大罷工》，第41頁。
2　《華字日報》，1922年2月21日，第1張3頁。
3　同上，1922年2月21、22、23日，第1張3頁。
4　同上，1922年2月25日，第1張3頁。

是陳炯明花了一番心血取得突破的。這個方案只談及加薪沒有談及恢復海員工會一事，海員工於2月24日電覆港英加以拒絕。[1]

海員工會面對重大決策，於2月22日又假座廣西會館舉行全體會員緊急大會，由翟漢奇報導談判經過，並宣讀港英新訂的三條款。出席會議的會員一致反對港英的三條件，大會議決出新的三條款：

一、先須港政府恢復中華海員工業聯合總會原狀，其餘條件可由各界代表及港政府為公正人調停解決；

二、中華海員工業聯合總會所認各界舉行之代表及港政府均為公正調停人，毋須官所委任；

三、本會4代表携回港政府之3條件認為無誠意，須有切實解決辦法。[2]

海員堅持先恢復工會立場不變，特別強調「中華海員工業聯合總會」的地位，要港英「恢復中華海員工業聯合總會原狀」，提出「中華海員工業聯合總會」所認各界代表及港英均為公正調停人，條文中均寫出「中華海員工業聯合總會」全名。另一方面接納港英提出的公正調停人建議，但提出毋須港英府委任，將罷工問題簡化為勞資糾紛，港英的角色仍是第三者，單純的調停者角色。

林偉民等4人第三次返港進行磋商。[3]

香港連日來沒有柴船到達，價格陸續高漲。2月22日

1 　周奕：《香港工運史》，第 43-46 頁。
2 　鍾點編：《香港海員大罷工》，第 77 頁。
3 　同上，第 76-77 頁。

時，柴價1元30斤，現1元只有15斤，貴了一倍。到了2月23日柴價回跌至1元可有27斤。豬肉於2月22日跌至每斤5角，傳聞海口有大批牲口運港，所以故日漸跌價。[1]

繼續有新海員到港接替罷工海員，日本皇后號從上海載來488名海員。威士結上號從上海運來雜貨1,500噸，以麵粉為最多，豐橋丸運來一批金屬材料，法國輪船亞細里列杜號從上海運來郵件。

繼續有輪船離港。2月22日留港船舶減至只有161艘，重量是廿九萬一千六百多噸。內有英船73艘，華船25艘，日船17艘，美船12艘，荷蘭船5艘，法國、挪威和葡萄牙船各1艘。至2月23日留港船舶有160艘，重量是廿五萬二百多噸。2月24日留港船舶減至只有158艘。[2]

廣東省商會代表黃戴棠（？）等再到香港，與盧頌華和葉蘭泉會晤，葉蘭泉勸黃戴棠等返省再勸海員，認為務須省港合力才可以容易有成效。廣東省商會代表於2月23日晚返回廣州。[3]

已罷工的汕頭海員致電海員工會，查詢罷工情況：「敝同人罷工共一千二餘人，今蒙廿七工團維持援助，港中交涉情形祈示教。」[4]

寧波海員對廣東海員略有齟齬，經蘇兆徵多方解釋，呼籲團結一致，勿相信傳聞，擺平這些事情。自罷工以來工會每日支出四千餘元，至2月23日共用去二十多萬元。

---

[1] 同上，1922年2月23、24日，第1張第3頁。
[2] 同上，1922年2月23、24、25日，第1張第3頁。
[3] 同上，1922年2月23、24日，第1張第3頁。
[4] 同上，1922年2月23日，第1張第3頁。

花卉工商總會主席翁三個人獨自捐出50元作調停罷工費用。[1]

罷工繼續下去，國內出現不少內部矛盾，中山石岐碼頭有農民欲將薯仔菜蔬由渡船運往香港，被六七名海員截停，雙方發生毆鬥，鄉民被毆不服，糾集鄉民十餘人持械前來報復，將海員痛打一頓，造成兩人重傷。省梧交通開始恢復，有兩艘輪船開行。[2]

返回廣州的林偉民等於2月23日下午乘火車回港，到港已是晚上，所以沒有去東華，沒有人知他們已回港。[3]

是日晚上工會致電林偉民等：

「限期兩日內完滿解決。逾期不決即速返省，不必為長期之磋商所謂完滿解決者，則以先恢復工會原狀，及加薪條件以海員提出者為滿意。」[4]

翌日工會致電林偉民等，要求各代表堅持原則不可退讓，如果不能達到目的，可於24小時內返回廣州。[5]

謠傳各行工人繼會續人起來罷工，豬肉行傳聞罷工，港九肉行持平總工會加以否認。本港尚有豬千多隻，平日

1　同上，1922年2月24、25日，第1張第3頁。
2　同上，1922年2月23日，第1張第3頁。
3　同上。
4　同上，1922年2月25日，第1張第3頁。
5　同上。

每日宰豬320隻左右，油麻地、新界，全港約四百隻左右。[1]

港英面對暴力事件加強高壓政策，法庭開審陳法（?）、余恩（?）兩人，首罪是在皇后大道西恐嚇貨車苦力，迫其罷工，次罪是以說話罵人，法官連ＸＸ判首罪各人入獄苦工監3個月，次罪罰款100元，或苦工監4星期。[2]

東華的調停正膠着，竟然在香港工會中出現調停的聲音。

2月24日華機會聯合沙模工業維新社、鐵業工會、電器工會、修造鐵輪研究工會、華人輪船船主司機總工會、機器科木樣研究工社等6間工會邀請全港124間工會出席全港工團會議，磋商調停海員罷工。

「貴會社主任先生大鑒：

敬啟者，溯自海員罷工經已月餘，調停既久未聞效果，似此遷延時日，殊非各界之福，若不亟於調停，實不知伊於胡底，敝會等有見及此，故不揣冒昧社會一份子，務設法雙方就緒，固知學淺才庸，排解非易，成敗不敢逆料，聊盡綿力而已，特於式月廿四號，即夏曆元月廿八日晚上七點鐘假座華人機器總會開闢港工團敍會，敢扳貴會派員蒞臨，藉聆偉論，共籌排解善法，得早日以和平解決，則吾儕工界幸甚，數十萬華僑幸甚，謹時即請公安。

民國十一年二月廿四號

華人機器會

---

[1] 同上，1922 年 2 月 23、25 日，第 1 張第 3 頁。
[2] 同上。

　　　　　　　　　　　修造鐵輪研究工會
　　　　　　　　　　　　沙模工業維新社
　　　　　　　　　　　　　　電器工會
　　　　　　　　　　　　　　鐵業工會
　　　　　　　　　　機器科木樣研究工社
　　　　　　　華人輪船船主司機總會」[1]

　　下午7時半，出席會議有133間工會，四百餘名代表。大會議決調停罷工分三方面進行，一方面與船東磋商，另一方面上廣州與海員調停，第三方面往華民政務司署商榷。[2]

　　茶居工會文棠（？）站起來問主席：「請問主席先生，今晚的調停會是否加入從前東華的調停會，抑或另行組織！」

　　任臨時主席的華機會主席游秩卿（？）答覆說：「你看不見黑板上所寫的字嗎！今日的會議是全港工團所組織的。」

　　於是大會公定該會為全港工團調停罷工會。

　　游秩卿向眾人宣佈進行調停辦法：「調停罷工的辦法：一、請政府表明海員工會的招牌如何解決；二、請船東表明加薪最高幅度是多少；三、了解海員工會尚有多少讓步空間。」

　　文棠再次站起來說：「今晚的辦法很好，但海員工會

---

[1] 同上，1922 年 2 月 27 日，第 1 張第 3 頁。
[2] 同上，1922 年 2 月 25 日，第 1 張第 3 頁。

今早來電限政府24小時內答覆所提出的要求，並催促談判代表回廣州，現在限期已到，我們要急速進行，先派代表與海員談判代表磋商，才能解決問題。」

培道聯愛會鄧協池（？）接着站起來說：「各位工團代表，我們要着緊進行，不能遲緩。」

游秩卿說：「現在海員與政府所爭論的要點是，恢復工會與開工先後的問題，海員方面可能怕政府准許恢復工會只是口頭上的應承，日後無實質行動，所以強調要以恢復工會為大前提。如果我們能解決這一要點，問題就會容易解決。今日我們要解決問題，必須向海員工會、船東和政府等三方面進行疏通。我們試以全港工團作擔保，針對海員復工後工會招牌能否掛回原位，或者海員工會亦會領略各工團心意，事情就會有轉彎機會。如果海員復工而政府不將原有工會恢復，是不單只欺凌海員工會，是欺凌全港工團。本會寧願將本會的華人機器總會招牌送到華民政務司署，連此招牌也棄而不要。」

游秩卿的說話博得眾人熱烈鼓掌，掌聲震天。

大會選出代表27人：華機會劉伯恭（？）、機器會鄭龍（？）、培道聯愛會鄧協池、織造工會王棠（？）、織造工會吳東啟（？）、茶居總工會文棠、革履行總工會莫慶雲（？）、徐公俠（？）、銅鐵工藝社梁麗棠（？）、車衣工會胡蔭（？）、鐵業工會劉尹光（？）、電車工會簡州泉（？）、方言工會鄒德存（？）、劉雨泉（？）、花奔工會翁三、茶居工會Ｘ澤泉（？）、協進工會陸鬆（？）、景源排字社勞榮光（？）和打包平和公社潘通甫（？）等。

全港工團調停罷工會立即進行工作，先後造訪船公司和華民政務司。[1]

調停罷工會向工人宣傳，海員罷工我們應該援助，海員現在最需要的是經濟援助，我們可以捐款，不必急於罷工。[2]又說：現在海員罷工勢成騎虎，正面臨下不得背的境況，我們應該援助他們下虎背。[3]我們可組織全港工人調停海員罷工會來援助他們，這才是最實際的行動。這種宣傳對罷工產生極大效力，令到調停氣氛高漲。

翌日星期六早上，調停罷工會派代表鄭龍（？）、文棠兩人上廣州。下午又增派洪濤飛（？）、鄭慰武和胡蔭等3人上廣州，一日內前後共派出5人上廣州。5名代表與海員工會磋商到星期日下午，始乘尾班火車返回香港。[4]

這次調停人人寄予厚望，調停罷工會代表接受《華字日報》記者訪問訴苦說：「調停人難做，海員仍在說船東無誠意，所以問題一直拖延下來。船東一方面磋商，另一方面僱請新人，某日某船已啟航情況已可見。至於再加二厘五一事，已向海員直接提出，現在再向代表提出，只是敷衍的工夫。」

海員工會指責工界調停一事說：「工人對工人，應實行輔助，無所謂調停，調停者不過欲挖海員的荷包，而益資本家。」[5]

1　《華字日報》，1922 年 2 月 27 日，第 1 張第 3 頁。
2　盧權等：《林偉民》，第 110-111 頁。
3　鍾點編：《香港海員大罷工》，第 46-47 頁。
4　《華字日報》，1922 年 2 月 28 日，第 1 張第 3 頁。
5　《華字日報》，1922 年 2 月 28 日，第 1 張第 3 頁。

海員工會得悉工團調停消息後，即派工團在廣州籌商總罷工的7名代表回港制止調停罷工會的活動。同時海員工會召開罷工海員大會，斬釘折鐵的宣聲：「我們工人若同情就加入罷工，不能說什麼調停！調停就是妥協。」

大會決議不接受任何工會的調停，呼籲香港工人切勿組織調停機關。在大會上群眾高呼：「工人兄弟團結一致」、「打倒調停機關」等口號。[1]

海員工會致電香港報界公開高調宣佈，反對調停罷工會的成。

「晨報轉各報，

工團總會、南北八九行鑒：

報載香港華人機器會招集工團調停工潮，駭甚，竊海員此次罷工乃船東堅決ＸＸ助Ｘ，至風潮不可收拾，經在省城廣西會館議決提出九條件，須船東完全承認乃行開工，若船東不能全認則無調停可言，如有退讓則同人誓死不承認，也且華人機器會同為工界分子，調人資格宜由第三者任之，以示大公，同人全體願為後盾，否認該會會議，惟恐各界誤會，特此電告。

中華同情罷工歸國全體叩」[2]

此消息經報章上報道流傳到全香港，香港一些工會退

---

[1] 鍾點編：《香港海員大罷工》，第47-48頁。引《申報》（上海：1922年3月25日）。

[2] 《華字日報》，1922年2月28日，第1張第3頁。

出調停罷工會，全港工團調停罷工會於27日宣佈解散。[1]

全港工團調停罷工會解散信

「貴會社列位先生大鑒：

工團總會、南北八九行鑒：

敬啟者，調停海員罷工一事所有經過情形業經通佈，想已盡悉，惟據代表赴省體察情形，去調停時期尚遠，初始本會原定無論如何，辦至二月初五為截止時期，惟今無可幹辦，故代表等敍集議，先提前於夏曆初一日上午十一時呈報港憲，[2] 自行取銷，茲特奉聞，並候公安。

民國十一年二月廿七號

全港工團調停罷工會啟」[3]

這樣調停人回去向各工會報告，取消調停令，從此各工會便一意準備同盟罷工。[4]

全港工團調停罷工會全體代表，於2月27日早上11時前往華民政務司署再謁夏理德。

代表說：「我們特來稟告，敝會派往廣州的代表曾面見海員工會辦事人，現返回香港講述過程說，海員要將最

---

[1]　鍾點編：《香港海員大罷工》，1983，第46-47頁。

[2]　意指港督。

[3]　《華字日報》，1922年2月28日，第1張第3頁。

[4]　鍾點編：《香港海員大罷工》，第47-48頁。引《申報》（上海：1922年3月25日）。

後提出要求的九項條件一律完滿解決方可復工，否則無調停的餘地。我們自問無此能力辦得到，特稟知憲台，[1] 我等為有將調停會取銷。」

夏理德安慰各代表說：「海員不認為你們是代表，我們政府和船東承認你們是代表。各位不要急躁。現在各位代表尚有沒有另外的新方法來決這個問題。本政府很想聽一聽你們的意見，我一定會向督憲報告，致謝各位的勞苦及熱誠。」[2]

廣州工會於2月26日召開全體海員大會，專門討論調停問題，大會一致表示拒絕接受調停，並發表宣言，揭露調停真相，要求香港工人不要上當，指「調停就是妥協」，「我們工人若同意就加入罷工，不能說甚麼調停。」[3]

東華繼續進行調停工作，盧頌華和李葆葵與再回港的林偉民等到華民政務署討論，下午4時又到香港總商會討論。[4]

2月下旬港英再託人進行調停，首先使華機會上廣州，協同基督教青年會和中國航業公司向海員工會調停。海員工會說：「這次罷工，港英不但不居中調停，反而採用高壓手段，封閉我工會，逮捕我工人，野蠻之極！我們只有堅持到底！」調停又無結果。

罷工超過5星期，市面謠言四起，傳廚師將會繼起罷工，又傳豬肉行及某某行將實行聯合罷工，持平工會否認。

---

[1] 對夏理德的尊稱。

[2] 《華字日報》，1922年2月28日，第1張第3頁。

[3] 鍾點編：《香港海員大罷工》，第77頁。

[4] 丁新豹：《善與人同》，第152頁；引：〈東華醫院董事局會議紀錄〉1922年（壬戌）正月28日。

談判又露出新曙光，傑彌遜接香港船公司電報，答應照原來提出的薪金再加二厘五，於2月24日晚9時請交涉主任陸敬科（1863-1945）前來沙面，告知這一消息，陸敬科聞訊急急往沙面與傑彌遜會晤。雙方商議到深夜，陸敬科始返回家。第二日，傑彌遜同陸敬科到省長公署見陳炯明，將電文親交陳炯明。[1]

　　香港商會聯合會代表鄭德周（？）就船公司加二厘事件致電廣東商會聯合會。

「廣東商會聯合會鑒：

　　本日船東開會約代表討論，經力請再加，據稱昨港政府接英領電述，陳省長謂如船東再加二厘當可解決，昨日表決，再加二厘五已逾其數，並懇轉求省長踐言，及勸告海員念大局。

　　　　　　　　　　　　　　　　　　鄭德周等叩」[2]

　　鄭德周又致電海員工會，內容與廣東商會聯合會電報大致相同。[3]

　　海員工會覆電香港商會聯合會：

「和興西街崇泰轉商會聯合會鄭德周先生等鑒：

　　宥電悉，昨商省長轉英領電，港督將各條件一律兩方

---

[1]　《華字日報》，1922 年 2 月 21 日，第 1 張第 3 頁。
[2]　同上，1922 年 2 月 27 日，第 1 張第 3 頁。
[3]　同上。

解決，以得一了百了，無庸交公正人以遷延。

海員總會叩感」[1]

2月25日林偉民等再到東華開會，均沒有結果。[2]

調停的作用主要是通過其活動，使衝突各方通過溝通方法進行交流，進而使衝突各方進入接談判。雖然東華不能令勞資雙方進入直接談判，却是安排到勞資雙方進行交流，打開了調解的大門。

談判有良好進展，港英並未放鬆高壓手段，於2月27日，宣佈香港進入戰爭狀態，防範共產主義者煽動，擾亂社會秩序。調英軍出防邊界和各交通要點，下令九廣鐵路停駛。香港變成戰時狀態，謠言更四起。罷工海員縱火焚燒香港3間貯藏糧食的貨倉，於是全港更起恐慌，不少市民繼續離港回鄉。

港英對支持罷工的廣東政府採取報復行動，禁止將糧食、煤炭、五金轉往廣州。廣東政府外交部次長伍朝樞急忙致函英國駐廣州領使，聲明「海員罷工，是工人自身利益問題，與粵政府絕無關係」，孫中山的英文秘書陳友仁（1878-1944）也在《字林西報》上解釋：「廣州官方採取不干預罷工的原則，但可能有借款供給工人使用。」[3]

---

1 同上，1922 年 2 月 28 日，第 1 張第 3 頁。
2 丁新豹：《善與人同》，第 152 頁。
3 莫世祥：《中山革命在香港》（香港：三聯，2011）第 342-343 頁。

總同盟罷工

罷工持續了個半月，2月28日酒樓總工會、茶居總工會、酒宴總會、牛羊行工會、駁艇業協進總工會、茶葉集成工會、工親愛國燒臘行、雞鴨行等七十多間工會，事前沒有發聲明或宣言，就是為了支持海員，也為了發洩對港府的不滿，領取工資後，毅然加入同盟罷工行列。罷工蔓延到郵局、銀行、酒店、茶居、街市、海底電纜、山頂纜車、報館、印刷局、渡輪夫役，餅乾店員，麵包工人，公事房使喚人和牛奶公司等行業。外籍人士流連的食肆、會所的廚師和服務員，家中的家務助理（僕役）和園丁等亦加入罷工行列，他們只好體驗一下勞動的樂趣，留在家中做家務，或有秩序的排隊購物。至此，罷工人數高達十四萬七千餘人，當時香港人口有五十四萬餘人，罷工工人佔總人口近三成半。全港死寂，生產停頓，店鋪關門，歇業者有三十多行。市面垃圾無人打掃，糞便無人清理，全港秩序大亂，市民都感覺危在旦夕，外籍人士的主要食糧麵包供應緊張。

港英為了阻止罷工工人返廣州而停止火車服務，禁止船隻進出，市內交通中斷。罷工工人索性步行離港回鄉。港英調遣全部海陸軍警巡查街道，加緊戒嚴。軍警四出巡查，威逼工人上工，如有不從，押送警署。

晚上保良局、東華等總理二十餘人在東華開會，會上宣佈華工總會、僑港工團總會等請辭退出調停人身份，而東華、保良局和華商總會仍努力進行調停工作。何華堂建議此工界兩團體退出，應再召開街坊敍會徵求意見，表決通過該提議。會上選出保良局代表李榮光、羅旭龢和盧頌舉等3人於翌日3月1日早上前去見夏理德，請港英注意現

在香港的糧食尚可以，柴的問題較嚴重。[1]

在總同盟罷工下，繼續有新海員到港，繼續有船離港。2月27日怡和的隆生號由22名歐洲海員駕駛開赴海口，運牲口回港。太古的沽南號由上海載75名北海海員來港。[2] 2月28日花旗公司的帝國號在上海解僱全部廣東海員190人，以寧波海員126人代替，並迫令廣東海員在上海離船上岸。[3]

兩日來到港輪船很多，美國來的船舶到岸後，百餘名水手上岸罷工，該船即僱用北方海員和菲律賓海員繼續開航。

馬尼拉運來了一批雜貨，運載食物來港的有貴陽號，由海口運來豬牛雞鴨等，澳洲輪船由悉尼運來麵粉，有輪船由台灣運來大米與茶葉。春洋丸號由三藩市到港，船上華人旅客甚多。三達公司的沙般尼號運來火油五千五百噸。海面船隻增至163艘，重272,600噸。[4]

港英派軍警四出巡查，威逼工人上工，如有不從，押返警署。

英國工黨議員約西亞・韋其伍德（？）上校在下議院指責港英阻止工人離境，實際上就是「用饑餓代替工作」，港英的鎮壓行動不但是可恥的，也根本於事無補。[5]

西餐協進會於2月28日宣佈罷工，工人於早上開始一

[1] 《華字日報》，1922 年 3 月 1 日，第 1 張 3 頁。
[2] 同上，1922 年 3 月 8 日，第 1 張第 3 頁。
[3] 鍾點編：《香港海員大罷工》，第 32 頁。
[4] 《華字日報》，1922 年 2 月 28 日，第 1 張第 3 頁。
[5] 韋爾什著：《香港史》（北京，中央編譯，2007），第 418 頁。

律罷工，但受制於法例，加上沒有交通工具未能離港。參加罷工的有香港大酒店[1]、英皇酒店、威士文餐館[2]、域多利亞、力山打以及所有華人開設的西餐館，全部停止營業。菲律賓樂師需要自行煮食。接着各酒店侍役亦罷工，升降機控制員、及酒吧侍役亦罷工。

威士文餐館工人全部離職，離職前沒有任何通知，沒有提出任何要求，倉猝離去。下午5時搬托麵包的工人9人竟回來領取薪金。威士文司理乃召喚警察將9人拘捕，控告擅離職守。

案件開審時，司理不想法官活特（J. R. Smalley，？）將9人處斳，對活特說：「如果他們願意開工，則應該由政府派警員保護。」

活特問被告等：「你們願意復工嗎？」

9人一齊回答：「願意。」

督察巴力文（？）又對活特說：「政府已隨時準備警員保護。」

活特判處司理將9人的工資扣出5元作為擔保費，如果有意開工則免被處斳。

被告等說：「如果發現有危險需要有人負責保護。」

活特說：「現在有警員保護你們，是沒有危險的。」

---

[1] 香港大酒店（Hong Kong Hotel）位於中環畢打街 10-11 號，今重建為告羅士打大廈。

[2] 威士文餐館位於中環交易行。交易行（Exchange House）位於中環德輔道中 16 號 A，今置地廣場中庭所在。

審訊完畢，司理和警察押被告9人回威士文工作。[1]

中環街市內有多間肉檔由女子負責賣肉，她們多是東主的眷屬。因為如若不開檔賣肉可能會被港英責罰，故不得不開檔。牛奶公司照常營業，但沒有人送貨，客戶要到該公司自取。[2]

港英繼續進行武力威嚇，晚上7時副警司帶同翻譯和中西警探數人，前往大道西329號2樓僑港工團總會搜查，搜去大批文件，並將夾萬抬走，及將一人帶署扣留。[3]

正午議政局召開緊急會議，趕速起草《緊急情況規則條例》（一九二二年第五章）（*Emergency Regulations Ordinance, 1922*），以便於下午1時45分交定例局討論。[4]接着定例局於下午2時45分召開特別會議，通過《緊急情況規則條例》。

司徒拔主持定例局會議時說：「今次會議的宗旨是為了討論一個議案，以便授權總督會同議政局遇緊急及公眾不安時，得訂立各種例規，其緣故乃因海員罷工結果導致本港及廣州眾情不安，現在更招致其他原本與此次罷工無關的工人聯同罷工，所以為了本港的安全起見，應立即設法授權行政部以極重權限，使他們能應付局面，因或有附從共產黨的人從中煽惑，隨時或者可能會滋事擾亂。」

---

[1] 《華字日報》1922年3月1、2日，第1張3頁。
[2] 《華字日報》1922年3月1、2日，第1張3頁。
[3] 同上，1922年3月2日，第1張3頁。
[4] 同上，1922年3月1、2日，第1張3頁。

律政司即將草案提出首讀，布政司和議，隨即將議案宣讀通過，港督用英王名義將議案批准，晚上立即在憲報刊出。至此港督有無限大的權力。

《緊急情況規則條例》

一、

（甲）無論何時期督憲會同議政局視為緊急或公眾之安全時，期待以公眾利益而訂立各種則例；

（乙）除與（甲）款規定大旨無妨礙，其他各事與下列各條相類者其例規可按照訂立之，計有：

A. 檢查及管轄與禁止發印文字；

B. 拘捕、羈留、摒逐、遞解出境；

C. 監管海面、港口、本港海境、及船活動；

D. 陸上空中水面運輸及監管人貨物之轉運；

E. 貿易、出口、入口、出產、製造；

F. 提撥、監管、沒收、及發售物業與其用度；

G. 授權與官員及其他人等；

H. 勒令各等作工或當職務；

I. 準備補置因則例規定而作工或當職或權應得之款並決斷之；

（丙）所有按牌照則例訂立之例規及發生效期督憲會同議政局下令撤銷時為止；

二、凡有違背此則例各款可交審判處罰一千元及監禁。[1]

　　港英根據則例制定一批新法例，同時修改《限制旅客條例》（一九一五年第十九章），並立即施行。原本華人出入境不受該例規管，現將該例第一章中「中國種之人」數字刪除，（說明）本上令之意旨不論諸色人等除海陸軍奉公者外必須先到警司討取放行執照。經修改的條文，則將中國人列入規管的範圍內。[2] 港英通告海軍和警方，對於離港船艇和小輪，嚴密監視，除海陸官員外，所有中外人士一律不准無故離港，乘火車往廣州要有警署的離港執照。[3]

　　新例實施後，港英在中央警署設立離港執照辦事處，領證人士十分擠擁。警署加派兩名華籍警員把守前門，所有領證人士要在奧卑利街橫門出入，後又轉往申領小販牌照的相鄰房間辦證，領證者絡繹不絕。

　　港英實施戰時出入港口辦法，凡船舶出入境必須由船政廳檢查小輪，查驗後才放行，如有搭客必須向警局領離港執照，並須向船政廳報明前往那個目的地。[4]

　　在檢查電報方面：「凡督憲授權之人對於來往香港及經過香港之電報可以有權檢查或停發，發電報須經有權許可者始能拍發。」

---

[1]　同上。

[2]　姚穎嘉著：《群力勝天治》，第 152 頁。《華字日報》1922 年 3 月 1 日，第 1 張 3 頁。

[3]　《華字日報》1922 年 3 月 1 日，第 1 張 3 頁。

[4]　同上 1922 年 3 月 3 日，第 1 張 3 頁。

港英根據《緊急情況規則條例》，於3月1日委任怡和買辦羅長肇（1869-1934），和盧頌舉[1] 等華人太平紳士共16人為檢查書信員，專門檢查書信郵件，電報則由歐籍人士檢查。

在檢查郵件方面：「郵政司或其委定之人可以有權收沒開拆檢查或寄港內或港外之郵件。」

新例實施後港英可徵用任何用屋宇：「為公務起見警司或其委定之人可以取用或管轄各屋宇。港英又可徵用任何車輛：「為公務起見警司或其委定之人可以取用各種車輛。」港英運用新例，向香港大酒店、香港仔街坊汽車公司徵用汽車，運載警察和軍隊分別到各要隘巡邏。[2]

而且還可以強迫任何人執役：「（一）為公眾利益起見工務司或其委定之人員對於各人均可令其執役；（二）公務司及警司可對於執役者給以一九二二年元月一號通行以上之工值；（三）凡按例招集之執役者須勤敏作工不得推諉或失職。」

港英認為有入屋辦事之必要：「無論何人如得一九二二年緊急則例之條款授以權限者可以便宜行事及遇必要時可以入屋妥辦。」任何人不得阻止辦公：「無論何人如係經一九二二年緊急例授以權限者別人不得阻其辦事。」捉拿違法的人：「各官員如遇疑與一九二二年緊急則例各款相違背之人可以將之拘捕。」

針對《緊急情況規則條例》，在廣州的海員及各工團邀請各界在東園於3月3日召開國民大會，赴會者人山人

---

[1] 梁雄基著：《中西融合·羅何錦姿》（香港，三聯，2012），第 90 頁。
[2] 《華字日報》1922 年 3 月 4 日，第 1 張 3 頁。

135

海，議決請願政府迅速解決罷工，海員決定免費勞動為廣州市興建馬路，以酬答廣州市民的支持。[1]

　　港英同時委任委員調查糧食煤薪的供應情況，穩定供應，避免暴漲。香港市面柴薪已不缺乏，港英有大批柴薪，由工務局在灣仔分所（近二號差館[2]）出售，每擔售價2元2角，港英準備由新加坡輸入大批柴薪來港。山頂居民可到于仁燕梳公司購買煤。[3]

　　潔淨局（Sanitary Board）[4] 於3月1日貼出保護街市告示：

　　「清潔局[5] 總辦余為曉諭事，照得此次罷工風潮以致影響街市，為保護街市生意及供給人民伙食起見，特訂辦法六條俾資遵守為此特。

　　計開：

1. 凡各枱位領牌人須時常親身在該枱位，不得擅離；

2. 各枱位領牌人凡關於街市營業工夫，務須互相幫同料理；

3. 現委任幫辦1名常在街市監督，該街市生意以求妥協，凡幫辦吩示，各枱位領牌人務即遵辦；

---

[1]　《華字日報》1922 年 3 月 4 日，第 1 張 3 頁。
[2]　二號差館位於灣仔灣仔道，莊士敦道交界。於 1868 年啟用，灣仔填海工程於 1929 年完成後，新的二號差館於 1932 年在新建成的告士打道落成，取代了原來的差館。
[3]　《華字日報》1922 年 3 月 3 日，第 1 張 3 頁。
[4]　市政局前身。
[5]　即潔淨局。

4. 各行須舉定代表1名以便與辦幫接洽；

5. 如辦幫見得生意不足，或有別種原因須將枱位暫歇者，則該枱位停歇時期內之租金自必退還與該領牌人，異時仍必給還該枱位與原人營業，惟該領牌人仍須時常在街市聽候幫辦囑咐，同料理街市生意；

6. 如各枱位領牌人擅離該枱位地點，或不遵幫辦吩咐則即將該枱位取銷，永不給還。

一千九百廿二年三月一日示」[1]

　　3月1日晚上6時50分，李錦綸致電香港：

　　「海員預派代表赴港磋商未決問題，態度甚和平。」

　　此電報到港後，船公司決定翌日早上10時在大會堂開會。船東全部到會，直至下午怡和司理包特倫（蘇打崙，？）向記者說：「除了李錦綸的電報外，另接到一份電報，昨天早上會議，船東表明，隨時與海員代表接洽，如談判代表返港，則即可開始磋商。船公司結束會議後，夏理德往謁司徒拔，擬電往廣州。」[2]

　　踏入3月，於3月1日開始加入罷工的有猪肉牛羊業、茶居酒樓、餐室晏店、食物館、燒臘、雞鴨、西人傭婦（阿

1　《華字日報》，1922 年 3 月 3 日，第 1 張第 3 頁。
2　同上，1922 年 3 月 2 日，第 1 張第 3 頁。

瑪）[1] 等。[2] 在没食品材料供應的情況下，食館和酒樓等全部停業。

港英派出陸軍持槍上街巡邏德輔道，康樂道等處，英軍頭戴鋼盔，手持長槍，身懷短槍，配足子彈，以六七人為一隊沿街巡邏，尚有數千名陸軍候命調動。

一百餘名没有離境執照的工人沿廣九鐵路步行往深圳，沿途有軍警搜查檢驗，不准無證者出境，該一百餘名工人被安排由火車運回。[3]

港英繼續四處搜查，派出百餘名警員和探員搜查海員宿舍，隊中有特別警察多名。警員分隊搜查各海員俱樂部（航海客俱樂部）和普通客棧，在德輔道中125號4樓聯樂軒搜出海員工會玻璃鏡架1面，並將1人帶署。[4]

牛奶公司工人罷工後，顧客要自行到公司取貨，令售貨處十分擠擁，在店面工人有限的情況下，牛奶公司關閉九龍售貨處，九龍顧客要到香港售貨處購貨。屈臣氏大藥房（A.S. Watson & Company）亦無法送貨，這些公司貼出告示，招聘外籍人士到店協助工作。[5]

衣車行業罷工，上中下環的衣車舖一律關門歇業，港九各洋人的僕役和傭婦一律罷工。外籍女士皆須自己到街市購買食物，及自行烹調。外文報刊派遞工人的罷工，令派報服務完全停止，報館要派出兩人在各纜車站及渡海小

---

[1] 或寫作亞嬤，發音 Amah，源自葡文 Ama，葡文意為護士，亦稱馬姐。
[2] 同上。
[3] 同上，1922 年 3 月 3 日，第 1 張 3 頁。
[4] 同上。
[5] 《華字日報》1922 年 3 月 3、4 日，第 1 張 3 頁。

輪等處，擺放報刊供訂戶自取。

　　丫士打酒店工人多是越南人故能繼續營業，但亦於3月2日罷工。各酒店變成皆由外籍人士執役，由住客婦女管理灑掃事務，男士負責搬運工作等。[1]

　　這時洋行侍役接到恐嚇傳單，限於3月3日全體罷工。[2] 未受罷工影響的日資公司，香港罷工處發出《罷工宣言》，呼籲日資三井物產香港支店工人罷工。

　　但據鈴木梅四郎的觀察，3月1日後的罷工，僕役、廚師當中有人擔心失業而淌着淚辭行。鈴木梅四郎以梁玉堂案為例，認為當「被看作破壞罷工分子的話，後果實在可怕。」指「給罷工團盯上而被暗殺人到處都有，因此，一旦接過電話或傳單警告的中國人，都急忙收拾細軟往廣東。」[3]

　　罷工進入第50天，3月2日僕役提着行李離開主人家回鄉，為乘搭帆船而東奔西走。先施、永安和大新等百貨公司及食品店前，名流小姐和太太手挽提籃，爭先恐後搶購麵包，互相推撞。市內交通要衝由全副武裝頭戴鋼盔英軍守衛。[4]

　　因海員罷工而延遲行程的派亞士的號開往上海途中，海員發動罷工，船公司將全部罷工海員開除，以寧波海員代替，罷工海員不肯離船，美國警員到船上將罷工海員驅逐上岸送回原籍，船中大艙以廣東人為多，他們想協

1　同上，1922 年 3 月 3 日，第 1 張 3 頁。
2　同上。
3　陳湛頤編譯：《日本人訪港見聞錄》上卷，第 201 頁。
4　同上，第 197 頁。

助罷工海員，但事件很快已平息。[1]

陷於死寂的香港，罷工談判出現大轉機，3月2日下午傑彌遜覆電港府：

「明早早車海員派全權代表4名來港磋商解決，或有商會人員數名同來。」

夏理德立即將有關消息親交中西報館刊登，佈告全港市民。晚上，傑彌遜到達香港，立即與司徒拔會談。[2]

傑彌遜已答應以海員工會提出的九條條件為談判基礎，而港英亦表示願意以海員工會的復工條件為基礎，進行談判。海員工會勝利在望。

罷工談判正準備開展的時候，突變出現。3月3日罷工工人二千餘人步行回鄉，這群人以洋務工人為主，抵達大圍城門河附近（約在大埔道7哩靠近沙田的位置），遭副警司京氏（T. H. King，？）率五十餘名印籍士兵持槍攔截，並由英國軍官布洛森（H. H. Bloxham，？）協助，阻止罷工者步行前進。在沒有衝突的情況下，京氏下令開槍，當場打死4人，傷數十人，導致5死7傷慘劇。[3] 沙田慘案引起全港市民更大憤怒與恐慌，電力、鑄造、製模、舵手、汽艇船員和鍋爐修理等工會聯署，限令港英於48小時內解決罷工，否則參加同盟罷工，[4] 罷工面臨擴大和惡化。海員工會發出通電，向國內外通告沙田慘案，督促廣東政府向港英提出抗議。[5]

---

[1] 《華字日報》1922年3月3日，第1張3頁。

[2] 同上1922年3月3、4日，第1張3頁。

[3] 周奕：《香港工運史》，第562-565頁。

[4] 同上，第498頁。

[5] 鍾點編：《香港海員大罷工》，第79-80頁。

[1]這時，英文報章排字工人加入罷工行列，派電報工人亦罷工。由於派電報工人罷工，大東電報局（Cable & Wireless）宣佈罷工期內接拍電報辦法：

1. 上午 9 時至下午 5 時只收官方電報、新聞電報、和緊急電報等；

2. 由下午 5 時至上午 9 時，只收官方電報；

3. 各電報均須到電報局領取。[2]

滯留在香港的船舶總共有 155 艘，重 250,756 噸。繼續有船舶進出港口，夏威夷丸載有鱈白魚、麵粉和鋼鐵等到港，有 3 艘船開往新加坡，兩艘船往馬尼拉，船政廳加緊檢查出口船舶。[3]

總同盟罷工打擊下，香港市內交通完全斷絕，生產停頓，肉食和麵包店均以歐籍人士代替華人店員工作。[4]太古的船隊、船塢和糖廠都工人都參加罷工，船舶有 30 艘停駛。這些產業具戰略地位，為了維持交通和水電供應，太古經理楊格（G. M. Young，?）出任商界統籌之一，招募二千名外僑填補臨時工作崗位。使糖廠保持有限度運作，但新廠房動工則大受影響。[5]

---

[1] 蘇兆徵：〈致函廣東政府〉1922 年 3 月 5 日，載蘇兆徵：《蘇兆徵文集》，第 1 頁。鍾點編：《香港海員大罷工》，第 79-80 頁。
[2] 《華字日報》，1922 年 3 月 4 日，第 1 張第 3 頁。
[3] 同上。
[4] 鍾點編：《香港海員大罷工》，第 78-79 頁。
[5] 鍾寶賢著 ：《太古之道》（香港，三聯，2016），第 96-97 頁。

3月3日上午中外船東在大會堂開會，傑彌遜到會作報告，指海員工會派出 4 名全權代表回港與船東直接磋商，請中西船公司派全權代表互相接洽。外籍船東即行選出包特倫等 4 人為談判代表，華人船東於下午選出周少岐、胡禧堂（？）、李冠春、周雨亭、朱潤之（？）、洪子榮（？）、歐洲人班架（？）、周俊年和李伯川（？）等 9 名代表，並加以委任書，稱為香港輪船公司東主辦理罷工事宜值理（負責人），與海員代表接洽。

除了林偉民、翟漢奇、盧俊文和陸常吉等 4 人返回香港外，海員工會尚派出副主席蔡文修同行。除此之外同行的還有陸敬科，廣東商會聯合會代表 5 人等，搭尾班車南下香港，李錦綸亦到港。[1]

公斷處成立，成員有海員工會代表林偉民、翟漢奇、盧俊文和陸常吉，廣東政府代表陸敬科，港英代表夏理德、英國代表傑彌遜，外資船公司代表代包特倫（？）及華資船公司代表等。

3月4日公斷處在香港大會堂[2]開始談判解決罷工問題，出席者有：林偉民、翟漢奇、陸常吉、盧俊文、陸敬科、夏理德、傑彌遜、包特倫和中國船東代表等。

談判基本上是按照海員工會的九項條件來進行，首先討論恢復罷工海員原來工作職位和加薪問題。加薪問題上華資船東傾向滿足海員的要求，令外籍船東頗受壓力，加薪問題最終經雙方協商達成協議。

---

[1] 《華字日報》1922 年 3 月 4 日，香港，第 1 張 3 頁。
[2] 當時的大會堂位於匯豐總行大廈現址旁，1947 年拆卸，部份土地售予匯豐擴建，部份興建中國銀行大廈。

在恢復罷工海員原來工作職位，和補發罷工期間工資問題上，雙方爭持不下，香港大老何東（Robert Hotung，1862-1956）突然出現，向港英提出一個折衷方法，表示自已可以捐款支付該筆工資。港英表示「不想利這個機會去干預經濟層面的糾紛」，因而不作出任何承諾，以免牽其中。[1] 最後商定罷工期間，由離工之日起至一律復工之日止，工資按照新訂的金額折半支付，又規定由一律復工之日起計，以不超過5個半月為限，此項折半的工資款項另外委任管理人員管理，並由何東出面擔保。[2]

資方同意加薪日期由1月1日起計算，罷工海員按原職聘用。至於「簽立僱用海員合同時，須有海員工會派證人到場」一事，涉及到國際商船條例，雙方同意另訂僱傭條例以避免海員慘受多重剝削。

談到暫時不能復工的海員的工資時，勞資雙方有嚴重的分歧。這個問題緣於海員罷工後，部份輪船啟航離開了香港，並且另行僱用新人填補罷工海員的崗位，而新人合約一般為期6個月，所以有些復職海員暫時未有職位。海員工會認為出現這個問題責任在船公司，未能復職的海員工資應由資方支付，其後工會代表退讓為半薪，領取半薪的最高期限為5個半月，資方卻不肯答應，實際原因是中小型公司船舶少，他們的香港代理權力有限，不敢貿然答應，於是問題就拖延下來。[3]

3月5日下午公斷處討論恢復海員工會，及釋放各工會被捕辦事人員的問題，傑彌遜和夏理德答應，只要海工會

1　鄭宏泰等著：《何東》（香港，三聯，2007），第 135-13 頁。
2　鍾點編：《香港海員大罷工，第 79-80 頁。
3　周奕：《香港工運史》，第 48 頁。

同意復工，港府即可於翌日取銷封閉海工會的命令，夏理德並保證釋放被捕工會辦事人員。關於海員工會有權參加海員與船公司簽訂合同一事，夏理德表示港府必定協助。對沙田慘案，傑彌遜及夏理德表示一定妥善處理，對死者家屬給予撫恤。[1]

罷工談判達成協議，雙方簽字確認，簽署的代表有：林偉民、翟漢奇、盧俊文、陸常吉，陸敬科、傑彌遜和包特倫等。[2] 港英沒有代表簽字，變成英國和廣東政府對等談判的局面，廣州政府；土外交上再勝一仗。

罷工完滿解決，海員工會印發傳單，宣佈復工條件完全商議妥當。

復工條約全文如下：

下列條件經各簽字於條約者同意，認為解決雙方爭執的辦法：

（一）茲將1922年正月12號在香港應支之工價，須由1922年正月1號起增加如下：

甲、華人內河輪船加三成；

乙、其餘華人輪船在1,000噸以下者加三成；

丙、省港輪船公司加二成；

丁、其餘英人輪船公司（以省區港澳輪船公司之工資為底）加二成；

戊、沿岸輪船加二成；

---

[1] 鍾點編：《香港海員大罷工》，第 80-81 頁。
[2] 同上，第 80 頁。

己、來往印尼輪船加二成；

庚、來往太平洋輪船加一成半；

辛、來往歐洲輪船加一成半；

壬、來往澳洲輪船加一成半；

（二）須訂定一日期，以便各船員一律回船，由離工日起至一律回工之日止，工金照新定之價折半支給。各船東須用回其船員在其公司之船供職，又如雙方允肯，則安置其在別船供職亦可。如各船員回工無席位，則於無席位用他期內，須折半支給工金予他。惟以由一律回工之日起計，不得過5個半月為限。此項折半之工金款項，另委管理人管理之。

（三）各船東允願襄助實行一個新的僱用船員辦法，以便儘量減少一切關於付船員工金之弊病。[1]

除上列條件之外，港英又恢復海陸理貨、同德和集賢等被封工會，釋放所有與罷工有關而被捕的工人。至此罷工圓滿解決，海員工會宣佈3月8日復工。

海員工會取得罷工勝利，3月6日早上街市仍沒有東西買，更甚的是連豆腐、蔬菜和鹹水魚均無，只見外籍人士在肉枱操刀賣肉。同港英召開議政局特別會議，撤銷海員工會為非法團體，釋於被捕工會幹事。亦將同德、集賢和海陸理貨工會招牌送回，釋放被捕辦事人，水務局和船政

---

1 〈中華海員工業聯合會與香港航業資本家簽訂的條約〉，載：鍾點編：《香港海員大罷工》，第 105-106 頁。

廳被捕者亦被釋放，只有少數人不釋放。[1] 港英又宣佈撫恤沙田慘案死者家屬各一千元，受傷者酌情給予醫療費。[2]

當天下午港英把海員工會招牌送回去原址，許多工人得悉送回招牌的消息，一大清早就聯群結隊去到工會樓下（中環德輔道中137號三樓，今同文街對面）。

到了上午11時半從中環街市到永安百貨公司一段的德輔道中塞滿了人群，據《孖剌沙西報》（Daily Press）記者估計有一萬至一萬五千人左右，以萬人空巷來形容絕不為過。

下午2時半港英出動二十人，從中區警署取出中華海員工業聯合總會的招牌送抵上址。這個時候群眾響起了歡呼聲，震動整個中環。招牌被送到工會樓下，舉行了一個儀式，一萬餘人見證了這塊顯示工人團結威力的橫匾，被重新安裝在工會騎樓的外面。[3]

附近店舖紛紛燃放炮竹致賀，上中下環荷里活道與堅道以上一帶住戶無不購買炮竹燃放，滿街都是爆竹聲有如過農曆年，街上行人臉帶笑容，這一區內的炮竹賣斷貨。[4] 電車因此要曾時停駛兩小時。[5]

歡慶過後街市漸漸復市，華機會工人開始復工，山頂纜車、電車、汽車、人力車、貨車與轎已一律復工，

1　《華字日報》1922 年 3 月 8 日，第 1 張第 3 頁。
2　鍾點編：《香港海員大罷工》，第 52 頁。
3　周奕：《香港工運史》，第 49 頁。《華字日報》，1922 年 3 月 8 日，第 1 張第 3 頁。
4　《華字日報》，1922 年 3 月 8 日，第 1 張第 3 頁。
5　劉達潮著：〈香港中華海員工業聯合總會成立的經過與海員大罷工的情形〉，第 6 頁。

在街上可見人來人往。山頂纜車於早上 10 時後復工，黃埔船塢工人早上復工，半小時後即離去，說要等待在廣州的海員回港復工消息落實，才開始復工。部份洋行職員已復工，而酒店侍應及麵包師傅尚未復工。

這時華工總會發出通告，知會各工會復工：

「公啟者：此次海員罷工全為加薪問題，已得完滿解決，吾人希望目的已達，凡我工界同胞均宜各安職責，力謀工業進步為當務之急。」

洋務工會亦發出《復職公告》：

「公佈者：海員罷工風潮經已幸得完滿解決，各界同情罷工之工團亦已陸續開工，同業等為取一致進行見，故決訂於三月八號即禮拜二早一律復回原職，其有不能復回者，可由本處妥商辦法籌備之置，凡我同業幸毋懷疑，此佈。」[1]

▲市民在海員工會前大街聚集慶罷工勝利。　（海員工會提供）

晚上澳門葡國炮艇載泉州海員數十人到香港，仍有50人到裁判司報名當後備警察。[1]

在廣州工親愛各罷工工團全體到廣西會館開會，出席的各行工人及代表約數十人，原擬在三樓會堂開會，後因陳炯明到會，大會認為地方狹隘，改在地下開會，首先由翟漢奇登台略為報告在港交涉情況，指代表等與港英及各船東等磋商總共有十個小時，海員代表所提的方案，港英及各船東均已全部答應，代表見對方已答應要求，立即搭火車返廣州報告一切。翟漢奇報告完畢，由廣東政府顧問張繼（1882-1947）和謝英伯敦請陳炯明致訓詞。陳炯明身穿灰斜布袍、黑雜布馬掛出席，各工人均紛紛脫帽行鞠躬禮。陳炯明答禮完畢，即致詞，略謂今次海員工潮雙方調停長達一個月，香港商人損失頗為巨大，而廣州商人間接亦受損失。今各代表返廣州報告雙方已達成諒解，罷工完滿解決免致延長時期，實在不能不欣喜。並指沙田慘案已由陳炯明向港英交涉，陳炯明全篇演辭很長，大部份是訓勉工人的說話。

陳炯明致辭完畢返回公署，工人高呼省長萬歲，總司令萬歲，歡聲雷動，燃放爆竹歡送。再由林偉民作報告，指此次交涉勝利已由翟漢奇作報告，因此次罷工招致的損失已要求賠償，自罷工之日起至復工之日止，其間每日的工資補償一半。又說明代表之所以不要求補償全部損失，而只令其補償一半，因為香港各商團僑民紛紛請求讓步以解決，務使香港商務早日恢復原狀，令各

---

[1] 同上。

市民安居樂業，所以代表酌情令其補償一半，以順各僑胞之請。

蘇兆徵演說，指此次罷工問題雖然大部解決了，但因港英仍未釋放部份被捕工人，所以事情仍未完全解決，希望各工人不要以為罷工已了結，自行回港復工，須待各問題完全解決，我們工親愛工團然後作團體的回港復工。各工人大力鼓掌。

接着由寧波代表登台將以上演說翻譯為寧波話，各工人一同慶祝最後勝利。

海員工會發出《請釋放被拘工人電》給夏理德：

「香港華民政務司夏先生鑒：

全體大會表決落港復職，但須將前因罷工嫌疑被拘各工人先行釋放，然後啟程。代表午車到港面詳。」[1]

海員工會決定組織歡送大會，一則以慶祝工親愛各工團勝利，一則以歡送工人回港復工，地點在東較場，搭蓋一大棚廠，敦請工親愛各工團工人及廣州各工團、陳炯明和孫科等軍政要人出席，日期是3月8日星期三。然後由各船公司派船到廣州接工人回港復工。

3月7日，港英取銷限制出境令，[2] 再次在《憲報》宣

---

[1]　《華字日報》，1922年3月8日，第1張第3頁。
[2]　同上。

佈取銷同德、集賢和海陸理等3間工會為非法組織。[1]

工團總會約千餘人在油麻地、旺角一帶遊行，歡迎海員復工，後到尖沙咀火車站迎接回港海員。[2]

海員工會通知罷工海員於3月8日起復工，同時致電汕頭、北海、江門和海南島海口等地罷工海員，通知他們自行復工，[3] 持續56天的香港海員大罷工至此結束。

華機會雖然宣於3月7日早上復工，但外資船塢多數未有工人開工。部份會員以為須由海員先開工，然後隨後才開工，所以大部份會員都在觀望。華機會於早上7時再發第二次佈告：

「海員方面目的達矣，件件妥當決無他事，我工團心理一致七號返工萬不更異，諸君勿生疑義，立刻返工斷無別事，此與各廠各部各科諸君統鑒。

香港華人機器會第二次佈告

十一年三月七號早七時印」[4]

上午，潔淨局發還全部没收的豬肉枱牌照，但由於未有運豬船到港，仍然没有豬肉批發。

1　姚穎嘉著：《群力勝天治》，第 152 頁。
2　《華字日報》，1922 年 3 月 8 日，第 1 張第 3 頁。
3　鍾點編：《香港海員大罷工》，第 82 頁。
4　《華字日報》，1922 年 3 月 8 日，第 1 張第 3 頁。

翟漢奇搭早車返港到華民政務司署,通告全體海員願意從速開工,現已再發電往廣州促海員以最快速度返港復工。海員工會以駐廣州各工團名義印發傳單,勸各罷工工團即日開工。周俊年的廣東和廣西號已準備一切隨時啟航,但因船上海員人數不足,要等候下午尾班車海員回港,海員到齊後即於 10 時啟航上廣州,周少歧稟請港英批准若持有廣東和廣西號船票的乘客,可以照常離境,不必申領出口牌照。這時議政局發出佈告取銷華人限制出境令,華人可自由出境。

下午九廣鐵路派專車到廣州接海員回港。多數工團已經復工,或已訂下復工日期,但西餐西廚與西人傭婦尚未訂期復工,工團在僑港工團總會開大會議決星期四全部復工。[1]

晚上 10 時香山號開往廣州,將會運送魚菜返港,海生號和廣西號亦開往廣州。澳門航線的瑞安號定於 3 月 8 日早上 8 時啟航,瑞泰號定於 3 月 8 日下午 2 時離港。梧州航線的高州號、西富號和廣英號定於 3 月 8 日 9 時離港,江門線的安利號和新南海號定期開航,汕頭線和湛江線亦訂期開航,[2] 海上運輸逐步恢復。

3月8日廣州各界開會歡送海員返港復工,舉行大巡行,計聯隊並參加大巡行各工團人數共有一萬餘人,當遊隊行伍途經高等審判廳附近,隊伍前頭的海員直入審判廳內大堂,要求釋放被捕的陳炳生,該廳內法官不知何事,亦未見有請願意見書呈遞,立即出來詢問來意,蘇兆徵、

---

[1] 同上。
[2] 同上。

謝英伯、翟漢奇、陸常吉、林偉民和盧俊文等陳述請求與陳炳生見一面，並擔保決不會生事。法官答允所請，即飭令廣州看守所將陳炳生提出，由司法人員以扣上腳鐐押出大堂與海員見面，海員要求除去腳鐐，法官回答說，此案是刑事，應該如此，除省長下令外，否則不能除去腳鐐。陳炳生亦勸各人不可衝動，並向法官要求給予15分鐘時間對群眾演講，講辭向群眾贈別並致以勸勉。法官未及回覆，謝英伯即說此可不必，願代演講，即代陳炳生說出勸勉詞數句。各海員遂離開審判廳大堂，法警將陳炳押回。[1]

下午首批復工海員三千餘人乘船離開廣州。[2]

3月9日繼續有二千餘名海員乘金山號、廣東號和永安號返港復工，[3]香港各工團在碼頭列隊歡迎，林偉民和翟漢奇代表海員向各工團致謝。[4]洋務、猪肉和雞鴨工人已於早上復工。[5]

副布政司符烈槎（法啫，Arthur George Murchison Fletcher，1878-1954）宣佈：

「1. 取銷招集義勇隊命令；
2. 撤銷《緊急則例》各章程；
3. 撤銷限制米、麵粉、煤炭出口令。」[6]

至此香港一切基本回復工常，海員罷工堅持 56 天勝利結束。

---

[1] 同上，1922 年 3 月 10 日，第 1 張第 3 頁。
[2] 鍾點編：《香港海員大罷工》，第 82 頁。
[3] 《華字日報》，1922 年 3 月 10 日，第 1 張第 3 頁。
[4] 鍾點編：《香港海員大罷工》，第 82 頁。
[5] 《華字日報》，1922 年 3 月 10 日，第 1 張第 3 頁。
[6] 同上。

第三章　影響

罷工下的港人生活

罷工發生後數天，香港人的普遍生活變化不大，1922年1月16日中華聖教總會宣講堂照常開幕，油麻地一鳴學校照常在普慶戲院舉行休學禮，文學研究社的《文學研究錄》繼續刊行出街。

罷工初起上層香港市民仍能繼續過休閒的生活，中華農學求新會於1月15日在陶陶酒家開冬季花卉展覽會，舉行花卉比賽。[1]

到了罷工後期，香港園藝會仍可於3月1日在公園內舉行花賽會，共展出花卉789種之多，並邀得司徒拔夫人頒發獎品，市民沒有因罷工做成生活困難，而影響賞花心情。

回歸口頭禪：「馬照跑，舞照跳」，罷工亦不能影響香港的賽馬活動。2月28日下午賽馬會如常拍賣比賽馬匹，總共有65匹馬，賣得四千元。[2] 梁玉堂案審訊時，某證人作供時說，他正在看馬經，可見繁榮正被打擊的香港，馬照跑。

罷工時物價波動很大，以柴為例，罷工前的1918年柴每擔7角1仙，即每斤0.71元或0.071角。[3] 1920年時柴每擔

---

[1]　《華字日報》，1922年1月17日，第1張第3頁。

[2]　同上，1922年3月3日，第1張3頁。

[3]　魯言著：《六十年前的香港》，載：魯言等著：《香港掌故》，第2集（香港：廣角鏡，1979），第173頁，引：保良局：《徵信錄》。

8角9分上漲到1元1角2分。運輸工人罷工前但仍有柴船到港,罷工後則令曾下跌的柴價再次上漲至每斤3角4仙。稍後又有數艘柴船到港,港英派警員到場保護工人起卸柴,柴價再大跌,每元可買50斤至60斤,即每斤1角8仙。紅磡黃榮記前數天售價每元只得70斤,即每斤1角4仙,現又跌價至90斤,即每斤1角1仙。

及後香港連日來沒有柴船到達,柴價格陸續高漲。2月22日時柴價1元30斤,現1元只有15斤,貴了一倍。到了2月23日柴價回跌至1元可有27斤。到了3月港英委任委員調查糧食煤薪的供應情況,市面柴薪已不缺乏,港英有大批柴薪出售,每擔售價2元2角。

罷工尾聲時,市民面對柴薪短缺問題日趨嚴重,某天盧頌舉、李右泉、羅旭龢和東華總理李榮光等 4 人往見夏理德,要求開放森林讓市民砍伐以解決柴荒問題。夏理德認為不致於要開放森林砍伐來解決問題,但會設法解決這個問題,設法於這兩三天內運大批柴來港。[1]

這時有市民私自上山砍伐樹木當柴用,結果被拘捕檢控。法院開庭審訊砍伐樹木案,市民陳泰(?)和張成(?)兩人被控在皇家叢林[2]斬伐樹木,觸犯《園林則例》。

被告說:「我們無柴煮飯,在不得已的情況下,才會砍伐樹木。」

---

[1] 《華字日報》1922 年 2、10 日、3 月 2、3 日,第 1 張 3 頁。
[2] 龍少估計可能是指九龍京士柏,因其英文名稱是 King's Park,或譯稱為皇囿。

活特法官說:「中西報章已報道本港有很多柴薪燃料,不過你們華人自行恐慌,紛紛買柴儲存致使柴價上漲。所以你們根本無需要犯法。」

法官判陳泰罰款 3 元,張成罰款 10 元或苦工監。[1]

香港的糧食絕大部份都依賴進口,罷工後不久,於 1 月14日香港的魚肉蔬菜雞鴨等食物供應並不缺乏,但新鮮食物已經銳減。食物價格開始上漲,魚價上漲了5仙,蔬菜仍可由石岐、廣州和九龍供應,但有價格飛漲的危機。由於香港曾受1919年搶米事件影響,已立例要儲存數個月的食米,所以大米供應充足。罷工結束前夕的3月1日,存米仍有十九萬包,估計每日銷耗大米二百包。大米存量雖然充足,但大米價格仍向上浮動,因為沒有搬運工人把米抬出貨倉,做成市面零售缺米供應,台灣有米運來香港。而猪、雞和鴨等牲口有賴日本船運來接濟。港英呼籲貯有糧食的商人要以公平的價格出售。[2]

罷工結束後糧食價格沒有立即回落,此後定例局都有討論穩定香港糧食供應的問題,曾提出在新界開闢耕地種植糧食。[3]

罷工期間港英為了增強治安武力,招募後備警察。1922 年委任羅長肇為更練團成員,任何可以動員的武力都派上場。罷工結束前夕的 3 月 2 日,仍有二百名外籍人士到裁判司署報名當後備警察,內有英、美、法、荷等國人士,以英國人為多,據說《德臣西報》亦有 4 名

---

[1] 《華字日報》,1922 年 3 月 3 日,第 1 張第 3 頁。

[2] 《華字日報》,1922 年 1 月 14、17 日、2 月 10 日、3 月 2、3 日,第 1 張 3 頁。

[3] 姚穎嘉著:《群力勝天治》,第 153 頁。

記者報名，到了 3 月 5 日有 50 人執名。[1]港英總共招募了 462 名後備警察。

海員大罷工後，港府於9月派遣兩名歐籍警官遠赴威海衛招募第一批共約五十名威海衛警察，並在當地受訓半年，1923年3月到港執勤。

第一次世界大戰前，香港警隊的職務範圍非常廣泛，警察除兼任內部保安、滅火，隊員也要負責人口登記和出入境事宜。1914年至1917年因當時正規警隊內的英籍人員被調去參與第一次世界大戰的緣故，港英通過《特別後備警察條例》，組成特別後備警察隊，到1919年第一次世界大戰結束，特別後備警察隊解散，罷工期間再招募後備警察。至1925年發生省港大罷工，在不穩定的局勢下，港英為加強警力於1927年重組香港後備警察隊。1930年的後備警察隊，有中國營、印度營、歐洲營和水警營。1939年日本侵華期間港英更頒法例強令所有非中國血統的英籍人士必須參與義務工作，加強維持治安的力量。1940年後備警察達一千餘人。1941年第二次世界大戰期間，在港的部份印籍警察因戰亂返回印度避難，有些則留在香港繼續履行執勤任務。

海員罷工期間，有關當局以服務社會為名，召集童軍在酒店提供操控升降機服務，填補罷工工人的工作崗位，只有英人童軍參與活動，沒有華人童軍參加。[2]在酒店提供升降機服務是社會必需服務嗎？還是以社會服務為名，讓資產階級繼續享受奢華生活。而不參加這次活動的

1 　《華字日報》1922 年 3 月 3 日，第 1 張 3 頁。
2 　柯保羅：《香港童軍百年史》（香港：香港童軍總會，2012），第 49 頁。

華人童軍是否己經離港。按當時情況推測，離港的人大部份是工人，他們的子弟會否有閒參加童軍呢！當時有閒參加童軍的人都是上層人士，他們很少人離港。華人童軍沒有參加活動，是英人不信任他們，沒有召集他們，還是他們離港呢！1921年時華人童軍有374人，1923年減至218人，減少三分一，為何會如此呢，與罷工有關嗎！

海員大罷工結束後，海員工會接受楊西岩（1868-1929）建議籌辦海員銀行，楊西岩、林蔭生（？）、翟漢奇（？）等11人為籌組海員銀行籌備委員，主任為楊西岩，向港英註冊立案，每股港幣5元，不足兩個月內籌得股款一百零八萬港元，認定股款待繳者一百五十餘萬港元，皆是海員認購的股本。又以七十二萬港元購置港島皇后大道中6間鋪位為行址，另租鋪位為臨時行址，先行營業。後來楊西岩被港英勒令出境，籌備海員銀行一事暫時停頓。廣東政府東征時，海員銀行將所存款八十萬港元撥作軍餉，籌備海員銀行一事終止。1923年楊西岩出任廣東省財政廳長，將八十萬港元撥還海員工會，並將海員銀行行址出售，將賣得的款項一併交還各繳款海員。[1]

日本人鈴木梅四郎以旁觀者來看海員大罷工，指出：在廣東省工人的生活每天一角或一角一二仙便可應付了，在香港起卸一噸煤炭的工錢需要三角至三角四五仙，而日本則要七八角。認為如果單就生活問題，要求絕非不當。

罷工後期，日資企業工人亦參加罷工。「香港三井物產香港支店」雜工散發呼籲罷工的傳單，如下：

---

[1] 中國勞工運動史續編編纂委員會編：《中國勞工運動史》，第1冊，第226-227頁。

《罷工宣言》

罷工風潮，越演越烈，各行經已難在先，本行豈容垂手坐視，同業等為大局計，為團體計、為人格計、為防範自已之生命計，故決於西曆三號晚凡屬寫字樓、住家行之工人，無論曾否入會者，均要一律停工，同業等威逼不懼，利誘不貪，願諸君堅持一致。幸無貪一時之戀棧而貽無窮之後禍也。

注意：如同業者有關罷工後不職復回原職者，本罷工處可擔任解決，所問可介紹人使知。

民國十一年三月一號

香港罷工處發[1]

罷工期間，佛教沒有置身事外，在屯門青山舉行大慈悲壇，祈求「風潮平息以安眾生」。[2]

海員大罷工對澳門亦有一定的打擊，每日來往港澳的渡輪全部停駛，來往澳門的民船亦歇業，斷絕了港澳的貿易往來，使澳門很多生活用品的供應不上。澳葡迅速派撥出戰艦作運輸工具運載郵件、附載旅客，以使港澳交通不致梗阻。[3]

---

[1] 陳湛頤編譯：《日本人訪港見聞錄》上卷，第 198-202 頁。

[2] 《華字日報》，香港：1922 年 3 月 4 日，第 1 張 3 頁。

[3] 吳志良等主編：《澳門編年史》第五卷（廣州：廣東人民，2009），第 2366 頁。〈拱北海關年度貿易報告有關澳門史料〉，載廣東省檔案編：《廣東澳門檔案史料選編》（北京：中國檔案，1999），第 278 頁。

澳門於 2 月初,撥出數萬元前往香港購辦米糧伙食,一個星期後,糧食供應日漸恢復正常。[1]

罷工下工商業損失

部份學者談及二十年代初的歷史時,涉及公司倒閉或廿業績倒退,總愛把原因推在工人身上,指責工人罷工,而沒有細心整理根由。以下試以黃埔船塢為例,探討箇中因由。

1921年底至1922年中黃埔船塢業務衰退,業績倒退,只能以匯率支持盤利,這正是海員大罷工期間。在1923年股東大會上,施仕(Kelly Sayce,?)發言炮轟管理層,並追問黃埔前景。定例局議員博斯(?)亦發炮詢問:航空業對走下坡的船務業的影響,警告說不要把黃埔變成華工的天堂,工時短而人工高,當時掌管黃埔的是戴亞(Robert Morton Dyer,?-1936)。[2]

到了1924年黃埔業務見好轉,戴亞於1925年提出集資興建旱塢獲通過。1925年黃埔虧損五十萬元,要從儲備中支付。股東大會上戴亞將問題全部推在罷工問題上。事實上黃埔的虧損罷工只是其中一個因素,再細看罷工後華工薪金開支只是上升了三成,而部份舊僱客船主將船轉往其他地方維修,加上罷工糾紛亦發生阻止工人上班情況。深入來看董事局發現戴亞的經營方法更是大問題,在船務業低迷的情況下黃埔開支高達五百萬元,用人唯親,養閒

---

1 《華字日報》,1922 年 2 月 14 日,第 1 張 3 頁。
2 馬冠堯著:《香港工程考 II》(香港:三聯,2014),第 369-370 頁。

人，他放在體育活動的公職的時間間比公司多。黃埔董事只好多發一年薪酬，即以五千英鎊請他離去。消息傳出，黃埔股價即上升，1928年稅前盈利有二十萬元，雖仍是強差人意，以後繼續上升。[1]

海員罷工做成香港 14 間輪船公司總共虧損五百萬元，1922 年香港貿易總值較上年少一千三百萬英鎊。[2] 港英在執行緊急措施中花去至少五十萬元，1922 全年度香港外洋輪船出入口減少了 9%，貨運量總值減少大約一億五千萬元，其他工商行業的損失不可計算。

罷工期間港英額外支出的公費總共有20,849元，當中有修理費、為商人借用的摩托車髹新漆油費用等，共用去1,373元，租用金山和佛山號上廣州費用為2,025元，沙田血案撫卹金5,200元，海陸軍服役、運輸煤炭和購置炊具費用共12,251元。[3]

1922年中華基督教合一堂剛在港島般含道2號動工，海員大罷工爆發令水路交通斷絕，工程延宕。1924年10月中華基督教合一堂舉行新堂奠基，省港大罷工接踵而來，水陸交通再斷絕，大量建築工人和工匠返廣州，建堂工程築停頓下來，直至1926年10月10日始可舉行開幕禮。[4]

---

[1] 同上，第 375-379 頁。

[2] 蔡榮芳：《香港人之香港史》，第 117 頁。

[3] 《華字日報》，1922 年 10 月 14 日。

[4] 劉紹麟撰寫：《中華基督教會合一堂史——從 1843 年建基到現代》（香港：中華基督教會合一堂，2003），第 215 頁。劉粵聲主編：《香港基督教教會史》（香港：香港浸信教會，1941 原版，1996 二版），第 33 頁。

瑪利諾男修會在香港正式建立駐地，設在九龍何文田柯士甸道 160 號，正值海員大罷工，工程延遲不能交付使用。直至 1923 年才可以遷入。[1]

港英處理罷工的手段

　　港英認為海員罷工不是經濟運動，而是國民黨組織領導的政治運動，企圖藉此收回香港，廣東政府已由具有共產主義的國民黨控制。[2]

　　英國傳統處理勞資關係採取自願主義，政府在勞資關係上作用有限，干預較少。[3] 港英處理勞資關係亦強調自由原則，認為市場經濟下的勞資關係是公平的，以私權原則為基礎構建，勞動者和勞動力使用者在勞動力市場上，依照主體獨立、意思一致和等價交換等市場交易一般原則，自願平等地結成具體的勞動關係。對於這種勞動關係參加與否，完全是當事人的自由和權利。實際上，由於勞資雙方經濟地位和社會地位的差別頗大，以及個別勞資關係在的人身性和依附性特點，這種形式上的平等掩蓋着實質上的不平等。現實上，勞動者在具體的勞資關係中，是處於一種被支配的劣勢和弱勢的地位。就是這種以所有權為基礎的契約自由原則，造成十八世紀嚴重的貧富懸殊和勞資對抗等社會現象。

---

[1] 何心平著：《美國天主教傳教會與香港》（香港：香港中文大學天主教研究中心，2011），第 86 頁。

[2] 張俊義：《二十年代初期的香港與廣東政局》，第 84-85 頁。

[3] 巨英著：《二戰後英國勞資關係的政治分析》（武漢：湖北人民，2010），第 3 頁。

港英在處理海員大罷工中的角色，表面上強調維護社會穩定，但其公權卻向資方傾斜，充分表露官商勾結政府的本質，其行為對法律和社會公義完全漠視。鈴木梅四郎的評論與龍少的觀點相同，指出船公司一開始便希望依恃港府以解決問題。港督原本不想捲入罷工中，但最終為船東懇切的請求所動搖，向海員施以威壓，要求海員接納船公司的方案。[1]

　　經濟罷工的對立面是勞資雙方，政府（管方）是第三者，理應保持置身事外，可是在海員大罷工上，港英卻捲進漩渦中，成為勞方的對立面，使事件增添政治色彩。海員工會把被拆招牌上升為國家民族被侮辱，蘇兆徵在中國海員第一次代表大會所作的報告明言出：在港英的壓力下，罷工工人「不因此而退縮，且更奮激，認此為污辱我們的國體，誓死與之奮鬥。」[2] 海員工會在這意識形態下團結全港工人，號召全港工人同盟大罷工。

　　海員大罷工後不久，港英與商會開會徵詢意見。在有關廢除妹仔制度和設置更練等事務，港英也是徵詢了商會的意見。港英當時的管理手段，以透過較高層的組織，對市民進行中央而間接的管治，毋須接觸其他較低層次的組織。因此商會的聲音在香港的政治社會務上，雖然相當微弱和間接，但總算得到港英的聆聽。就這樣，港英跟大部份華人社團無甚接觸，[3] 很多社會問題因而

---

[1] 陳湛頤編譯：《日本人訪港見聞錄》上卷，第 200 頁。

[2] 李新等總主編：《中國新民主革命通史》第 1 卷，第 539 頁。蘇兆徵：〈中華海員工業聯合總會報告〉1926 年 1 月 5，，載蘇兆徵《蘇兆徵文集》，第 29 頁。

[3] 冼玉儀著，程美寶譯：〈戰前香港同鄉組織的歷史〉，載趙雨樂等編：《香港史研究論著選輯》（香港：香港公開大學，1999），第 127-128 頁。

產生。反英抗暴因勞資經濟糾紛而起，港英初期處理不善，愛國工會乘勢把經濟糾紛擴大為政治鬥爭。

華洋船公司在調停罷工問題上出現矛盾，華人船東對外籍船東的經常變卦有點不滿，海員工會沒有利用這個矛盾向中外船東進攻。港英則乘罷工曠日持久，華商對海員工會有怨言，利用東華出面調停罷工，向海員工會施壓。

瑪利諾修會評論海員大罷工說，「正像中外言論所言，應允海員要求使得英國殖民地政府丟盡顏面；神父們卻歡欣雀躍，因為工人們恢復工作之後，一切和罷工前一樣方便。」[1] 可見任何社會層面都不是鐵版一塊，各自有不同的矛盾。

在十九世紀華人與港英對抗的工潮中，港英都會把工潮的組織和發動歸咎於三合會，但海員罷工港英卻沒有這推論，[2] 不知原因為何。

罷工結束後半年，1922 年 10 月 26 日的定例局會議上，有議員形容海員罷工是歷來令人最不快的經歷和苦澀的教訓，並指港英須加強控制工會、同業組織或社團。然而港英除了透過《社團條例》，將可能對政府有威脅的工會為非法社團之外，別無他法。[3] 且罷工也曾將同德工會列為非法社團，法例對於平息罷工起不了作用。罷工後更多工會依法成立。港英沒有依從這些議員的意見加強控制工會，反接納更多工會依法成立，使工會發展

1　何心平著：《美國天主教傳教會與香港》（香港：中文大學天主教研究中心，2011），第 86 頁。
2　周奕：《香港工運史》，第 42-43 頁。
3　姚穎嘉著：《群力勝天》，第 153 頁。

走上健康發展的路上。有論者認為港英對工會的寬鬆政策，是英受工黨的影響所致，下文會再談一二。

從罷工過程中，隱約可見英國的內爭，廣州英領使插手海員罷工，港督與華民政務司處理意見不一致，這些都有待發掘更多資料來論說。劉鑄伯和周壽臣是司徒拔的傳話人，負責為華人向港督傳話，原已有華民政務司負責收集華人意見的途徑，為何要多加一條渠道呢。司徒拔和夏理德肯定不咬弦，未知矛盾有多深。

當時英國對海員大罷工有自身的矛盾，港英一方面加強對政治性工運的拑制，另一方面亦開始嘗試引入西方的僱傭概念和模式，以及有限度的保障性的勞工法例。這是因為，1919 年國際勞工組織（International Labour Organization）正式成立，英國作為成員國之一，為著免於尷尬，是不能漠視各殖民地的勞資關係的發展。有論者認為英國工黨於二十年代上台，亦導至英國在意識形態上，偏向加強國內及殖民地的勞工事務的處理。但這只是事實的後半部，因工黨是於1924年才上台執政，港英於1922年已准許工會註冊，未能簡單地一概而論。

罷工談判達成協議，簽字的代表有：海員工會代表林偉民、翟漢奇、盧俊文、陸常吉，廣州政府代表陸敬科，英國代表傑彌遜、香港船東委員會代表代包特倫（？）等。港英沒有代表簽字，表面上變成英國和廣東政府對等談判的局面，把之前強調的只承認北京政府的立場放在一旁，或可說是對華貿易的重要性遠在香港利益之上。

罷工與廣東政府的關係

《德臣西報》（*The China Mail*，或譯為《中國郵報》）評論海員大罷工，認為海員有後盾，[1] 不點名指廣東政府支持罷工。

海員罷工能夠成功，廣東政府的作用極為重要。罷工的指揮機關設在廣州，廣東政府為罷工提供了一個相對安全的環境，有利指導罷工的正常發展，可以無懼港英的武力鎮壓，繼續指揮罷工。有了廣州作為罷工基地，罷工工人回到廣州，增強罷工的信心，有助長期堅持罷工。海員工會運用封鎖香港的飢餓政策對付港英，亦得到廣東政府的默許。

罷工開始後廣州經濟亦受打擊，1月15日廣州的魚欄、菜欄和果欄對港生意大受影響。[2] 而廣州瓜菜業和漁業工人則支持罷工，不運魚菜到香港。[3]

罷工前廣東省的織造土布土絲襪公司生意興旺，主要是輸往歐美及南洋等地，罷工後貨物積存公司倉庫內，無法運輸出外。在罷工影響下，他們需要輸入的外國原料漲價，令到部份公司可能要停業。[4]

自1月25日至2月12日，粵海關無貨報關，只有蘇門答臘煤油進口，稅款少收了關銀五十萬元，郵件埋積如山。洋米不能到廣州，廣東米商恐米價高漲，到北江英德搜羅

1　《華字日報》，1922 年 1 月 14 日，第 1 張第 3 頁。
2　同上，1922 年 1 月 16 日，第 1 張第 3 頁。
3　劉達潮著：〈香港中華海員工業聯合總會成立的經過與海員大罷工的情形〉，第 5-6 頁。
4　《華字日報》，1922 年 2 月 16 日，第 1 張 2 頁。

白米，北江米亦已起價。[1] 廣州寄存在倉庫的貨物如綢、茶葉、棉花及布帛等，更因氣候潮濕而變壞，直接及間接引起的損失更是數以千萬計。[2]

汕頭生果商生意影響最大，是時柑正當成熟期，全部無法運往市場出售，又遇春雨霏霏打擊，柑更易變壞，只好改租帆船運送到香港轉往各市場。

全港總同盟大罷工後，返廣州的工人更多，鎮海樓（亦稱五層樓）、廣九路和大佛寺及附的公產屋宇或學校，不足應付工人的住宿需要，只好暫時租用素波巷及十一甫等地方供住宿。[3]

海員工會建議由罷工海員開築馬路，酬謝廣州市民。廣州市政府詢問居民需要後，經有關當局測量及計劃始動工。[4] 後來海員在廣州越秀山（觀音山）附近修築了一條馬路，定名為海員罷工路，即今天從鎮海樓前起，經廣州美術館至山腳與吉祥路相接的一段路。1932年再在路旁山坡建築海員亭，以紀念海員大罷工。

廣州各界熱烈支援罷工，各工會社團積極安排食宿，廣州市總工會發動七十萬工人捐出1天的工資，協助香港海員。[5] 海員工會幹事連日不斷出席廣州市各工團邀請出席茶會及午膳，應酬十分忙碌。[6]

廣東機器工會為了接濟海員糧食，建議粵漢、廣三、

1　《華字日報》，1922 年 2 月 9、14 日，第 1 張第 3 頁。
2　鄭宏泰等著：《何東》，第 134 頁。
3　《華字日報》，1922 年 2 月 9 日、3 月 4 日，第 1 張第 3 頁。
4　《華字日報》，1922 年 2 月 9 日，第 1 張第 3 頁。
5　蔡榮芳：《香港人之香港史》，第 115 頁。
6　《華字日報》，1921 年 1 月 19 日，第 1 張第 3 頁。

廣九和寧陽鐵路增加車費三成，用作支持海員工會，並準備罷工。四鐵路公司婉詞回函廣東機器工會，解釋增加費用的困難之處。另一方面呈請陳炯明調處，陳炯明召集機器工會代表和四鐵路公司代表開會商討，磋商結果將加費建議取銷，改為四鐵路公司一次過補助海員工會數千元。[1]

　　廣東政府每日借出數千元作罷工維持經費，並協助安排海員住宿所需。[2] 廣東政府前後動用十萬銀元資助罷工海員。[3] 而陳炯明私人曾捐出一千元支持罷工。[4]

　　主持廣東政府的陳炯明，起初支持罷工，想藉此削弱孫中山對海員的影響，但是眾多罷工工人留在廣州，造成經濟負擔，影響社會秩序，因此後來陳炯明也希望早日平息罷工。總之罷工期間，廣東政府只是從旁協助與支持在廣州的罷工海員，並沒有直接領導或鼓動罷工。[5]

　　港英不滿廣東政府支持罷工，反抵制廣州，停止生銀運往廣州，令到廣州造幣廠要停產，因而市面銀幣短缺。罷工同樣令廣州對外貿易停滯，外幣交收減少，市面銀根短絀，外幣低折。到了2月中九廣路運數百萬生銀運到廣州，造幣廠每日可以生產三十萬銀幣，令港幣補水上升，每千加水漲至一百八十餘元。2月初時，只是十餘元。外幣市值也日見下跌。可是這批生銀最終不能進口，令港幣補水回落，每千加水跌至一百六十餘元，每況愈下。廣東政府面對如此困境，計劃派戰艦寶璧號到香港運生銀回廣

1　《華字日報》1922 年 2 月 14、21、27 日，第 1 張第 3 頁。

2　盧權等：《林偉民》，第 87 頁。

3　蔡榮芳：《香港人之香港史》，第 115 頁。

4　劉達潮著：〈香港中華海員工業聯合總會成立的經過與海員大罷工的情形〉，第 6 頁。

5　余繩武等主編：《20 世紀的香港》（香港：麒麟書業，1998），第 83 頁。

州，[1] 過了2月中造幣廠停鑄銀幣，改鑄鎳幣一毫半毫以應市面所需。

罷工後期，港英對廣州政府實行報復，禁止將食物、煤炭、五金等轉運往廣州，伍朝樞急忙致函向英駐廣州領使解釋，陳友仁也通過《字林西報》撰文作出解釋。

夏理德往訪日駐港總領使村上義温（？），希望日本能禁止煤炭等輸往廣東以打擊罷工，村上致函外務大臣，指此事合符日本的利益，應暗中予以協助。[2]

港英指責孫中山和廣東政府介入罷工，鼓動工人實行總罷工，以對抗香港資本主義與帝國主義。港英並強調大多數海員與工人不願罷工，但因遭到廣東外來勢力的壓力與脅迫，而離港返粵，廣東政府不許工人返回香港。[3]

鈴木梅四郎指：海員大罷工「最終演變為廣東政府與香港政府之間的抗爭，雙方用盡一切戰術以爭取最後的勝利」。[4]

國民黨與海員大罷工

罷工工人在廣州遊行時，高呼擁護國民黨政府。[5] 海員罷工能夠成功，不能忽視國民黨所起的作用。當時海員罷工的主要領導人翟漢奇、陳炳生、蔡文修、蘇兆徵

---

1 《華字日報》，1922年2月6、10、14日、3月3日，第1張3頁。
2 陳湛頤等編著：《日本香港關係年表》（香港：香港教育，2004），第105頁。
3 蔡榮芳：《香港人之香港史》，第114頁。
4 陳湛頤編譯：《日本人訪港見聞錄》上卷，第200頁。
5 蔡榮芳：《香港人之香港史》，第115頁。

和林偉民等都是國民黨員，國民黨在罷工工人中影響力頗大。

國民黨於同盟時期，有些黨員已認識到革命必須爭取工人階級的支持，醉心宣傳會社會主義和無政府主義，如謝英伯、師復（1884-1915）是無政府工團主義者，李石曾（1881-1973）在法國巴黎出版無政府主義刊物《新世紀》；廖仲愷（1877-1925）和胡漢民（1879-1936）曾撰文宣傳社會主義，馬超俊等走進工人階級中進行宣傳。

香港工會組織上與國民黨關係密切，海員工會、香港華人機器總會的領導人都是國民黨員，海員工會並向廣東軍政府內務部立案。香港華人船主司機總工會（今小輪業職工會）以香港為總部，在廣州設立分會。海員工會屬全國性組織，以香港為總部，在廣州和上海設立分部。

鈴木梅四郎指國民黨發動華僑捐款支持罷工，認為：「中國問題的核心，是要清楚理解存在資本主義經濟組織中的事情；挽救中國的方法，唯有中國人自覺到相對於白人資本家，自已作為工人的地位，從而努力結合種族問題，將之一併解決。擔當這種運動的中堅分子，是在外生長、南方人習慣稱為華僑的中國人。孫的後援，就是華僑。坊間盛傳，今次舉行大同盟罷工，外國的華僑就捐獻了二十萬元作為經費。」[1]

海員大罷工能夠發展為同盟大罷工，香港學者姚穎嘉認為國民黨的推動至關重要。指出：海員工會的副會長蔡文修以聯義社社員身份出席集賢工會的開幕禮，在

---

[1] 陳湛頤編譯：《日本人訪港見聞錄》上卷，第 199 頁。

會上發言倡議民生主義。聯義社是海員的聯誼組織,直接隸屬國民黨中央黨部之下,1928 年改組為廣東省港澳輪船公司海員特別黨部,受國民黨中央黨部委派 9 人為籌備委員,蔡文修是其中一人。蔡文修於 1910 年加入同盟會,是聯義社的創始成員,孫中山曾派蔡文修等人到香港協組織助成立海員工會,蔡文修是創會副會長,與國民黨有相當淵源。同德工會的創辦人何松(?)曾參與惠州三洲田起義,這些工會組織都經過國民黨作橫向連繫,海員工會藉國民黨的橫向連繫,在各黨員穿針引線下,組織同盟大罷工。[1]

共產國際的馬林(Hendricus Josephus Franciscus Marie Sneevliet,1883-1942)親歷海員大罷工,他於 1922 年 7 月給共產國際的報告中指出:孫中山的長期和工人有接觸,特別是在廣東省和華僑之中⋯⋯在今年正月海員罷工期間,「國民黨與工人之間的聯繫是多麼緊密,這一點對我來說是十分清楚的。整個罷工都由這個政治組織的領袖們來領導。罷工工人參加了黨的民族主義的示威遊行,全部財政資助都來自國民黨。」「國民黨與罷工工人之間的聯繫如此緊密,以致在廣州、香港、汕頭三地竟有一萬二千名海員加入國民黨。」馬林因此向共產國際提出建議國共合作,有利促進中國革命,指國民黨的綱領可以容許不同派別的人加入,其性質是民族主義,且主張反帝國主義。[2]

---

[1] 姚穎嘉著:《群力勝天治》,第 136 頁。
[2] 莫世祥:《中山革命在香港》,第 344 頁。馬林:〈向共產國際執行委員會的報告〉(1922 年 7 月 11 日),載中共中央黨史研究室第一研究部編:《共產國際、聯共(布)與中國革命文獻資料選輯(1917-1925)》(北京,圖書館,1997),第 235 頁。

當海員工會準備罷工時，海員工會已籌備了一筆經費，但隨着罷工的發展，回廣州的海員人數高達五萬人，經費已不夠支付返廣州的火車費。後來又加上同情罷工的運輸工人和其他行業工人，回鄉人數絡繹不絕，罷工經費拮据萬狀，廣東政府每日借出數千元，前後共計約十萬元，罷工有此經濟來源才得以堅持。罷工工人每日只有兩餐供應，每餐一毛。除飯食外，什麼都沒有，時值隆冬，工會再發棉衣一件，後來棉衣買不起，就發給蔴包袋。工人都在地上打鋪，又無被蓋。剛剛此時正值雨季，道路泥濘，工人連鞋也沒有穿。外省海員稍為優待，安排住小旅館，可有棉被供應，並每日發給五分錢買煙。[1] 罷工工人無可消遣，天晴時就舞獅打球。

　　海員罷工每天開支四千元，整個罷工共用去十九萬多元。[2] 事前僅籌得三千元大洋，不夠支付海員買車票返廣州。[3]

　　劉伯鑄和周臣壽提醒港英注意，國民黨可能會在廣州成立共黨政權，要留意國民黨可能指使華機會發動罷工。所謂國民黨可成立共黨政權，這是當時一般人對提倡勞工福利政策國家的統稱，不知尚有社會主義，及社會民主主義和無政府主義等，一般言論較激進者都被稱為布爾什維克分子，如何東的兒子何世禮在皇仁讀書時有「Bolshi Robbie」的諢號，Robbie是何世禮的英文名是Rberr，Bolshi即Bolshevik的簡寫，是俄文большевик的音譯，中

[1]　鄧中夏：《中國職工運動簡史》。

[2]　鍾點編：《香港海員大罷工》，第 42 頁，引：蘇兆徵：《中華海員工業聯合總會》，1926 年。

[3]　鍾點編：〈香港海員大罷工〉，第 42 頁。

文音譯是布爾什維克，這個諢號不是指何世禮是共產黨員，而是指他左傾。[1] 當時的國民黨已被指是布爾什維克，蔣介石當時被指是左派領袖，曾在公開會議上高叫反帝國主義口號。而提防華機會一事則見他們對華人內部派別一點也不清楚，只會簡單地仇視工會和國民黨。當他們知道華機會調停罷工時有何想法呢！

中共與海員大罷工

海員罷工時，中國共產黨剛成立不足一年，下設有專責工人運動的勞動組合書記部，主任是張國燾（1897-1979），在北方和鐵路搞工運有一定成績，南方的工運主力則是國民黨和無政府主義領導的。

海員罷工爆發時，張國燾正在莫斯科出席遠東各國共產主義及民族革命團體第一次代表大會（簡稱遠東民族大會）。3月罷工結束後，張國燾始返國。3月底張國燾前往廣州，藉海員大罷工的餘威召開第一次全國勞動大會。

罷工發生後，中共廣東支部在《廣東群報》發表〈敬告罷工海員〉一文，表示全力支持海員罷工，勉勵海員團結一致堅持鬥爭，斷不可因威迫利誘而稍作讓步，如果有任何人出面調停，必須要滿足工會的要求，才可以應承。又呼籲海員團結一致，堅持到底，嚴守秩序，注重自治。

---

[1]　鍾點編：〈香港海員大罷工〉，第 42 頁。

敬告罷工海員

　　最親愛的海員同志們！我們為爭生存而舉行這次大罷工，凡是有良心好和平的人們！除資本家及幫助他們的走狗──官僚軍閥──外，沒有不同情於我們的。我們的光榮，因為我們有人格的自覺，不願將勞力僅僅當作貨物賣出，而想把各人都取得一個有意義有興趣的生活！就是不被少數人利用，為之做牛馬奴隸的生活。所以才與資本家宣戰，實行階級鬥爭。那麼，我們此次轟轟烈烈的偉大舉動，當醞釀與發動的時候，就算是我們得到光榮的時候了。我們的勝利，是可預期的。資本家在現代生活制度之下，築起獨佔的堡壘，豢養許多的守衛，他用巧妙心思，奸狡計劃，兼併了榨取了多數人的精血。但是他們好像吮人血的蚊蟲，他太飽了，他漸漸飛不動了，他故意在社會中築成一道分別階級的厚牆，牆外的人們越多，他自己就成為孤獨了，他不知不覺在他自己狡獪的打算中，就掘下他自己的墳墓了。全世界的勞動同志們，將群起而收回自己的權利，不至再受將死的資本家的糟踏了。我們海員在這樣世界工潮中，為此正當的要求主張，那自然是不會失敗的。

　　不過我們還是不可疏忽，就是資本家的爪牙眾多，偵探遍佈。他有本事能夠作謠言，顛倒是非。欺騙我們的同志。所以下列諸點，還要注意！

　　一、堅持到底。我們最後向船東提出的條件，那是體量現社會組織的情形，為爭個人生存上最低限制之一種，斷不可因威迫利誘而稍形退讓。任何人出面調停，必須如願相償，方能應許。

二、團結一致。中國人辦事沒有五分鐘的熱度，外國人常常用這種話譏誚我們，就是形容我們不能團結的意思。俗話說得好：「眾擎易舉，一木難支，」我們勞動者能彀戰勝資本家優點，就是仗着人數多，合起群來能有階級覺悟，若使不能團結行動，資本家就不難用種種方法，把你各個擊破。

三、嚴守秩序。我們由長河大海，驚濤駭浪的生活中，暫時來住陸地。我們應該想想，這豈不是資本家逼我們而成的嗎？我們當然有一種憤恨，都要針向我們的仇敵發泄，不要對於幫助我們的人們，稍有得罪。所以我們的言語行動，也要守着一個範圍，就是很奮敏的很嚴正的採取一些文明手段，去要求幫助我們的朋友，對待仇視我們的敵人。

四、注重自治。我們到省城的不下數千人，承各界同志的幫助招待，自然是感謝不盡，我們要曉得仇敵的偵探是很多，他最會的是做作謠言，挑撥是非。他冒充我們海員，來混在團體中，故意作成種種不明譽的事，企圖破壞我們團結的，恐怕也是難免的。我們因此上凡是起居飲食，一切細緻動作，都要加一層注意。不然，他們就要說我們程度不彀的話頭了，我們應該隨時想想，我們一切的動作，果有可以被人談論的地方麼？沒有麼？

我們最親愛的海員同志們！我們應該抖擻精神，完成我們的這一次偉大舉動。我們曉得資本家已到運命的末日了，但是也要曉得將熄的燈火，他有迴光返照的幻象，我們更是應該鼓起百倍勇氣，防備他迴光返照樣的一大打擊。本黨以海員同志們為開始階級鬥爭的急先鋒，定當竭其能力，為之後援。海員同志們啦！快快共同一致的望着

我們的目標奮鬥，以期得到我們的最大光榮最大勝利啊！

共黨廣東支部

一九二二年二月九日

　　中共廣東支部負責人譚平山在《廣東群報》發表〈港政府槍斃華工〉一文，大聲疾呼工人要殺開一條血路，置於死地而求生，與資本家進行殊死搏鬥。並鼓動廣東政府發表堂堂正正的主張，支持海員大罷工。[1] 中共的其他刊物，如上海的《勞動週刊》、北京的《工人週刊》等也分別發表聲援文章。

　　中共廣東支部甚至借出宣講員養成所的地址，作為海員工會的聯絡通訊處，國內外各地捐款信件寄給該所負責人陳公博（1892-1946）收轉。[2] 中共廣東支部全部黨員和社會主義青年團廣東區成員，參加了招待和演講散發傳單。在上海的中共中央印製了五千份傳單，廣東支部亦印發了傳單三千份。[3]

　　罷工兩個星後，勞動組合書記部成立上海香港海員罷工後援會，主席為共產黨員李啟漢。[4] 李啟漢等4人前往

---

[1] 譚平山：〈港政府槍斃華工〉，載《譚平山文集》（北京，人民，1986），第 241 頁。

[2] 陳業承：〈香港海員大罷工〉，載中共廣東省委黨史研究室編：《香港與中國革命》（廣州，廣東人民，1997），第 14 頁。

[3] 〈中央執行委員會書記陳獨秀給共產國際的報告〉，載中共中央黨史研究室第一研究部編：《共產國際、聯共（布）與中國革命文獻資料選輯（1917-1925）》，第二卷（北京：圖書館，1997），第 307-309 頁。

[4] 鍾點編：《香港海員大罷工》，廣州，廣東省總工會，1983，第 67 頁，引：《民國日報》，1922 年 2 月 2 日，上海，第 6 版。

警告為替船東招募海員的桂阿茂，[1] 因此被捕判入獄。（詳情見前文）勞動組合書記部又發動全國各工會組織香港海員後援會。

海員大罷工結束後，罷工領導人先後加入中共，並成為中共重要幹部的有：海員工會的蘇兆徵、林偉民、陳郁（1901-1974）、陳權（1902-1930）、何潮（1901-1985）、王灼（1898-1932）、洋務工人鄧發（1906-1945），電車工會的何耀全，洋務工會的林雲鏘，香港金屬業工會的羅登賢（1905-1933）和，電器工人黃甦（1908-1935）等。海員工會更是中共領導全中國工人運動的重要支柱。

共產國際與海員大罷工

當時共產國際代表馬林正在廣州，看見海員大罷工中，有強烈的反英成份，把它塑為反帝國主義運動，加上海員工會與國民黨的緊密關係，作為向共產國際推介國共合作策略的重要理據。[2]

鈴木梅四郎提問：「這次罷工，勝利歸於廣東方面還是香港呢？」認為港英反封鎖廣東，廣東所受的困擾不少，「倘若是往日的中國人，相信立刻會向外國人使用暴力，從而授人出兵的口實。不過，近日的中國人欲不再做這樣的蠢事了。」鈴木梅四郎最後總結提出：愛爾蘭、印度、埃及等種族問題，實際上是社會問題、經

---

[1] 鍾點編：《香港海員大罷工》，第 31 頁。
[2] 馬林：〈向共產國際執行委員會的報告〉（1922 年 7 月 11 日），載中共中央黨史研究室第一研究部編：《共產國際、聯共（布）與中國革命文獻資料選輯（1917-1925）》（北京，圖書館，1997），第 235 頁。

濟問題，會與國內資本家對工人問題放在一個籃子內處理。[1] 這裏的總結與共產國際提出將民族問題放進革命內有異曲同工之妙。

　　共產國際成立於1919年，認為第一次世界大戰後國際形勢的變化，帝國主義者在歐洲的角逐已經結束，重心已經移向亞洲，遠東問題越來越重要，歐洲問題已經越來越趨於結束。[2]

　　1922年5月6和8日荷蘭《論壇報》發表馬林的《遠東通訊》一文，詳細介紹海員罷工的經過。馬林在報告中指中共沒有領導海員罷工。馬林向共產國際執委的報告，說：「國民黨與罷工工人之間的聯繫如此緊密。」建議國共合作。（前文已經論及）

　　馬林認為「國民黨就是《民族和殖民地問題提綱》中講到的那種『民族革命運動』的力量」。因此主張中共不要對國民黨採取排斥的態度，應該同國民黨人合作，而合作的途徑是「到國民黨中去進行政治活動」。馬林認為黨內合作的辦法在中國是可行的。

　　共產國接受了馬林的建議，認為在中國建立一個包括各種革命勢力在內的，以國共合作為主體的統一戰線時機已經成熟了。共產國際主席團於7月18日作出一項決定，命令中共中央委員會從上海遷到廣州，所有工作必須和馬林緊密聯繫下進行。[3] 8月共產國際指示駐中國南方代

---

[1] 陳湛頤編譯：《日本人訪港見聞錄》上卷，第 202-203 頁。

[2] 何雲庵等著：《蘇俄、共產國際與中國革命（1919-1923）》（北京：社會科學文獻，2009），第 27 頁，引季諾維也夫：《論共產國際》（北京：人民，1988），第 245-246 頁。

[3] 〈共產國際給中國共產黨中央委員會的命令〉（1922 年 7 月 18 日），載中共中央黨史研究室第一研究部編：《共產國際、聯共（布）與中國革命文獻資料選輯（1917-1925）》（北京，圖書館，1997），第 321 頁。

表，認為國民黨是一個革命的政黨，中共必須在國民黨內部和工會中組織從屬他們自己的團體。在這些團體外成立一個宣傳機構，宣傳與外國帝國主義作鬥爭、創建民族獨立的中華民國以及組織反對中外剝削者的階級鬥爭的主張。這一機構的建立要盡可能地得到國民黨的同意，當然，它應保持完全的獨立性。由於國民黨在南方政府中負實際責任，它暫時避免與帝國主義國家發生衝突。[1]

共產國際據馬林的片面報告，致函中共着重批評中共置身於工人運動之外，「同工人沒有多少聯繫」。共產國際說：「你們黨至今還是主要由知識分子組成，並且同工人沒有多少聯繫」。指出：在海員罷工的日子裏，中共站在運動之外，「相反，工人應該在發生每一個重大事件時，通過黨的宣傳，黨對工人運動的號召和支持，以及通過黨參加示威遊行的行動來了解黨。黨應該自己組織這種示威遊行」。信中要求中共爭取中國工人同工會國際聯合，必須引導青年工人和大多數女工參加工會組織的活動。指出「黨只有在懂得如何建立工人組織的時候，才能成為真正的工人階級政黨」。

共產國際無視中共在北方的工作成果，這是馬林有意不把中共這些成果上報，以論證國共合作路線的正確。後來1935年馬林與伊羅生談話時，指中共在北方鐵路路工運上有驚人成果。[2] 共產國際是否有選擇性聽取適合自己的報告內容，以便作為理論基礎以利制定民族統一路線的策

---

1 〈共產國際執行委員會給其派駐中國南方的代表〉（1922 年 8 月），載中共中央黨史研究室第一研究部編：《共產國際、聯共（布）與中國革命文獻資料選輯（1917-1925）》（北京，圖書館，1997），第 324-325 頁。

2 伊羅生著：〈與斯內夫利特談話紀錄〉（1922 年 8 月），載中共中央黨史研究室第一研究部編：《共產國際、聯共（布）與中國革命文獻資料選輯（1917-1925）》（北京，圖書館，1997），第 354 頁。

略。世界革命在共產國際這種遙控瞎指揮下，怎不失敗！

海員大罷工結束不久，共產國際邀請海員工會派代表到莫斯科出席國際運輸工人大會，林偉民代表海員工會出席大會，並在莫斯科加入中共。

罷工期間，蘇共代表曾到廣州罷工工人宿舍求見辦事人員，表示會全力支援助海員，海員表示歡迎。各國工會也有許多電報給海員工會，表示慰問及援助，但均被港英以新法例扣押，其時蘇聯在廣州設有華俄通訊社，海員工會通過華俄通訊社將罷工消息轉達各國。海員工會常致電法國共產黨機關報《人道報》（*L'Humanité*），請其轉告各國工人予以援助。[1]

---

1   鍾點編：《香港海員大罷工》，第 44-45 頁。

第四章　　罷工人物

蘇兆徵的組織技巧

　　蘇兆徵和林偉民是海員大罷工的重要領導者，二人都英年早逝，林偉民離世更稍早，二人除了領導香港工人運動，更進一步領導全國工運，蘇兆徵更是亞太運輸工運重要領導之一。

　　龍少在《汗血維城》發表了《海員領袖蘇兆徵如何選擇加入中共》和《蘇兆徵的工運歷程與言論》兩文，都是從意識形態方面論述蘇兆徵。蘇兆徵的工運思想中心就是團結和民主，他如何在實際工作運用。

　　蘇兆徵的工運思想中心就是團結，其次是民主。工人為何需要團結，馬克思解釋說：「工人的社會力量僅在於他們的數量。然而，數量上的優勢被他們的分散狀態所破壞。工人的分散狀態之所以造成並繼續存在，是由於他們之間的不可避免的競爭。」[1]

　　馬克思說：「工人階級的解放應當是工人階級自己的事情。」[2] 工人階級要解放自己就要團結起來鬥爭，即是以人多勢眾的力量來壓倒管理階層，且看蘇兆如何運用。

　　蘇兆徵有了團結思想就去抓住主題，1920年在一艘英

---

[1]　馬克思：〈工會（工聯）它們的過去、現在和未來〉，載馬克思等著：《馬克思主義論工人運動》（香港：新苗、台北：連結雜志，2005），第 4 頁。

[2]　馬克思：〈國際工人協會章程〉，載《馬克思恩格斯選集》第 1 卷（北京：人民，1977）第 136 頁。

資輪船工作，目睹包工頭無理毆打童工，他認為這是教育工人認識團結的機會，藉機發動船上海員團結起來，與資方展開鬥爭。他義憤填胸向工友訴說，包工頭欺壓榨取工人的行為，指出只有團結起來抗爭才有出路。他進一說，如果我們啞忍下去，難保有一天這樣的情況會落在我們頭上。在他的鼓動下，海員紛紛表態不再啞忍受下去，要跟包工頭算帳。

海員被動員起來後，一齊湧去包圍船長室提出抗議，船長被迫答應賠償醫藥費，以應付目前困境，同時藉此拖延時間冀打散工人鬥志。部份海員果然心滿意足的離開，蘇兆徵並不就此罷休，認為抗鬥不只是要解決目前的情況，應有長遠目標，提出要求以後不能再有這種事情發生，人身的安全要得到起碼的保障，繼續鼓動工人抗爭下去。

蘇兆徵繼續召集海員開會，發動全船海員共同簽名寫信給輪船公司，要求嚴肅處理包工頭打人事件，保證今後不會再發生類似事件，否則一致行動，舉行罷工反抗到底。與此同時，他發信聯絡其他輪船的中國海員，籲請他們聯合行動，以壯聲勢。

輪船公司接到聯名信後，不以為然，威脅說：如果海員鬧事，就一律予以開除，另行聘請。蘇兆徵早就料到資方有此一着，與失業海員聯絡好，支持自己的鬥爭。失業海員深明大義，寧願失業也不受僱上船工作。資方面對海員團結一致的力量，無計可施，權衡輕重後，接受蘇兆徵等人的要求，開除行兇的包工頭，並保證今後不會有同類的事情發生。[1]

---

[1]　盧權等：《蘇兆徵》，第37-39頁。

要發動抗爭首先要找出最好的主題，工頭打人是常有的事易引起共鳴。有了主題鼓動了群眾，要把這團火保寺下來，所以蘇兆徵就把抗爭逐步擴大，團結更大多數的海員。

蘇兆徵相信群眾團結的力量，反對暴力。認為「工會對付工賊，對付資本家，往往採用紅色恐怖手段，這是錯誤的。如去年楊樹浦工人罷工，完全不是工人願意的，以手槍來強迫，結果工是罷了，而工人對工會只有害怕，這是脫離群眾的辦法，而不是群眾的行動，即使僥倖勝利，亦是槍桿的勝利，絕不是群眾的勝利。群眾看見槍桿的力量，便見不到自己的力量。所以我們應該從下層組織宣傳，不能用個人的紅色恐怖。……以數桿槍對付工賊，充其量也不過是工會自衛，若稍有一誤用，反足嚇走群眾。」[1] 提出了基層組織的重要性。

海員工會的成立是從基層做起，先在各輪船組織支部，再由各宿舍出面註冊成立工會。在這個網絡下領海員大罷工，傳達信息，才能秩序良好，行動一致。亦有利收集會員意見，實施基層民主。

罷工後蘇兆徵等紛紛回船工作，海員工會出現嚴重危機，幾乎倒閉。[2] 他於1923年秋放棄船上工作，全身踏上工運路，整頓工會，從基層組織重建開始，不忘基層民主。一番努力後加強了海員的團結，令海員工會重新上路，進而投身全國工運，組織中華全國總工會，出任執委，帶領全中國工人運動。

---

[1] 蘇兆徵：〈出席赤色職工國際代表大會的報告〉，載蘇兆徵《蘇兆徵文集》（北京：人民，2013），第168頁。

[2] 同上，第31頁。

蘇兆徵認為：「我們只有工會上層的組織，而在各船上無下層的組織，所以還不能像軍隊之嚴密的組織，如軍部師部團部等。我們以前雖是依照全體海員之意旨而行，但是向來沒有全體海員代表大會明確規定我們進行的方針。」[1]

　　省港大罷工是建基工會基層民主上，有完善的上下溝通機制。其領導機構是中華全國總工會省港罷工委員會，蘇兆徵是委員長。

　　海員罷工時蘇兆徵看準包工頭有大小的分別，兩者利益不同，大包工頭的擴張，就是小包工頭的滅亡，極力拉攏小包工支持罷工，以打擊大罷工頭。罷工利後全力要求取銷包工制，大小包工頭都要打倒，[2] 靈活運用統戰技巧。

　　很多人愛以罷工行動來讚揚工人覺醒，從蘇兆徵的組織經驗來看，健全和民主的工會至為重要。工運是漫長的抗爭，不是爭朝夕之爭，能不斷跨前一步才是真正的覺醒，部份工會罷工後原地踏步，且出現後退情況，最終沒落。

孫中山的勞工思想

　　孫中山的三民主義思想是主張勞資協調的，在海員罷工前，他認為罷工是「工人受資本家的苛遇，而思反抗」，是「工人之不得已也」的行動。工人罷工是「世界上最慘

---

[1]　蘇兆徵：〈中華海員工業聯合總會報告〉1926 年 1 月 5，載蘇兆徵《蘇兆徵文集》，第 33 頁。

[2]　蘇兆徵：〈中華海員工業聯合總會報告〉1926 年 1 月 5，載蘇兆徵《蘇兆徵文集》，第 31 頁。

最苦之事也」，資本家雖因此稍有損失，「而工人無業不能生存，罷工不能長久，至飢寒交迫之時，不得不飲恨吞聲，重就資本家之範圍」，因此「罷工要挾，絕非根本之解決」。[1] 所以他不贊同罷工行動，海員罷工後，他洞察罷工的威力，認為工人有國民責任，「既是有了團體，要廢除中外不平等的條約，便可以做全國的指導，作國民的先鋒，在最前的陣線上去奮鬥。」指「中國工人不只是反資本家，要求減時間、加工價，完全吃飯問題，最大的還是政治問題。」[2] 可以組織工人參加國民革命，以打倒帝國主義和軍閥。

1920年10月底粵軍佔領廣州，孫中山於11月由上海回廣州主持大局，廣東政府宣佈對勞工運動實行「保育政策」，廣東各地工會數量迅速增加，報刊輿論稱讚他是「勞工之友」。他則向前來求助的工人表明，自己就是「工人總統」。[3]

罷工時孫中山在桂林致力北伐，原則上是支持罷工的，但罷工已影響到軍需品的運送，他更擔心罷工可能會導致列強的武裝干預，從而殃及北伐。為免與港英正面衝突，所以沒有公開支持海員罷工。

孫中山得悉海員罷工消息，急電馬超俊迅速赴港慰問，並予就地調處，馬超俊接到急電後，星夜到香港慰問

1 李寶元著：《中國勞動關係簡史》（北京，企業管理，2016），第 119 頁，引：孫中山：〈社會主義派別及批評——民國元年對中國社會黨演講詞〉，載《總理關於工人的遺教》（中國國民黨中央執行委員會宣傳部印，1929），第 46-47 頁。
2 孫中山：〈中國工人結成大團體打破外國經濟壓苦〉，載黃彥主編：《孫文選集》下冊，（廣州：廣東人民， 2006），第 463-464 頁。
3 莫世祥：《中山革命在香港》，第 332-333 頁。

罷工海員。馬超俊曾在香港當機工,是最佳赴港調處取佳人選,且曾與夏理德見面。

鈴木梅四郎指孫中山「一直對英國官員感到不快」,對海員大罷工「當然不會坐視不理」。他「以廣東工會為後盾,令香港貿易陷於幾乎完全停頓的狀態。孫氏對英國懷有如此深刻的敵意,不用說乃源於痛恨英國人在中國驕橫跋扈的感情。然而,當中恐怕也有近日,最近,孫氏任大總統之際,香港的華人欲舉行盛大的慶祝會,然而港督不予批准。」[1]

鈴木梅四郎認為:「我們不能將廣東的中國人與一般的中國人等同視之,現時廣東的自治制,在沒有任何外國人的援助下,仍然運作得非常成功。在大總統孫逸仙[2] 領導下,他們藉着團結工人階級的力量,向白人資本主義爭取恢復其自身的權力,以期改善生活。」[3]

罷工結束後,孫中山接受外國記者訪問,解釋與海員罷工的關係,「余對罷工者之感想,苟彼等之罷工目的為經濟的,余固予以同情。而彼等之罷工,其後雖牽涉政治,原始時實為經濟的也。但謂余贊助罷工,以其損害英國利益,余絕對不能承認。惟凡關於改良勞工情形之運動,余皆贊同之。」[4] 這段話說明了孫中山對罷工的態度。

孫中山一直與海員關係密切,為海員工會命名,派代

---

[1] 陳湛頤編譯:《日本人訪港見聞錄》上卷,第 200 頁。
[2] 逸仙是孫中山的號,歐美人士多以孫逸仙來稱呼他,英文是 Sun Yat-sen,日文較多見的是孫文。
[3] 陳湛頤編譯:《日本人訪港見聞錄》上卷,第 199 頁。
[4] 孫中山:〈與約翰‧白萊斯福的談話〉1922 年 12 月 9 日,載《孫中山全集》第 6 卷(北京:中華,1985),第 634 頁。

表出席成立典禮。罷工期間更特意邀請在廣州的海員工會職員午宴，令海員感到榮幸。[1]

罷工期間直系軍閥吳佩孚（1874-1939）的軍艦計劃南下香港維修，英商顧慮得罪孫中山，請傑彌遜徵求孫中山同意。[2]

1922年6月陳炯明叛變炮轟總統府，孫中山走避及時，並得到傑彌遜派炮艦將他安全送離廣州，前往香港轉去上海法租界。

1923年1月下旬孫中山重返廣州，臨行前派秘書傅秉常（1896-1965）給司徒拔送去一個口信，詢問他途經香港時，司徒拔能否與他會晤。對此司徒拔回覆：只要孫中山不以中華民國大總統或其他英國政府未予承認的身份抵港，他將非常樂意接見。孫中山除了與司徒拔會面外，兩人並共進午餐，[3] 他更提出粵港合作，令兩人會面氣氛融洽。[4]

司徒拔表面上對孫中表示友善，但對孫中山仍有所不滿，認為：「只要孫逸仙掌權，類似的擾亂就將再次出現。」司徒拔於9月致函殖民地部，預言針對香港的杯葛遲早將會出現。短短3年後，一場空前絕後杯葛英國的行動——省港大罷工果然發生。[5]

1　《華字日報》，1921 年 1 月 19 日，第 1 張第 3 頁。

2　劉麗：《香港海員大罷工是國民黨領導的》，載《近代史研究》， 1996.02，第 92-93 頁。

3　余繩武等主編：《20 世紀的香港》，第 91 頁。

4　傅秉常口述，劉鳳翰整理：《傅秉常口述自傳》（北京：中國大百科全書，2009），第 28 頁。

5　徐靜玉著：《廣州政府與英國的政治交涉研究》，第 121-123 頁。

罷工結束後，英國起草了備忘錄，總結孫中山與工人運動關係，得出他是罷工支持者的結論，並稱「孫逸仙的行動是其排外政策的一部份，其政策包括摧毀外國，特別是英國在中國的商業和影響」。[1]

陳炯明拉攏海員倒孫

陳炯明起初是支持罷工的，想藉此削弱孫中山對海員的影響，但是罷工日久，造成廣州經濟負擔，因此後來也希望早日平息罷工。

鈴木梅四郎認為陳炯明是一位穩健的改革者，在罷工初期，「他曾經頒佈法令，規定罷工團體誘使無直接關係的工會參加罷工屬於違反法紀。然而，當廣東與香港的對立越來越激烈的時候，他突然取消了這條法令，甚至承認各工會的同情罷工為合法行為。事情至此，香港方面亦感到事態重大而實施以下對策：為著打擊佔廣東政府歲入最重要部份的鑄造銀幣，港府實行海上封鎖，禁止白銀的運送；又禁止白米和煤炭轉口。」[2]

傑彌遜也在給外交部的報告中，指孫中中山是喬裝成勞工嚮導，認為對海員罷工進行有效抗衡的唯一希望，是寄「於陳炯明將軍的政府的固有共同意識之中。該政府對這運動完全出自同情並以明智通的態度對待英國人和其他外國人」。[3]

---

[1] 同上，第 122 頁。
[2] 陳湛頤編譯：《日本人訪港見聞錄》上卷，第 201 頁。
[3] 莫世祥：《中山革命在香港》，第 344 頁。

罷工期間陳炯明曾經催勸海員工會降低加薪要求，早日結束罷工。2月下旬司徒拔致電陳炯明，答應將海員工資增加百分之二十五，仍低於海員的要求的百分之三十至四十，陳炯明於同月 26 日演說，敦勸海員接受，3天內復工。[1]

罷工談判期間，港英發覺孫中山與陳炯明之間矛盾擴大，傑彌遜報告外交部，指孫中山與陳炯明關係不好。在關餘問題上，陳炯明拒絕支持孫中山與列強交惡，認為陳炯明將來會發揮重要作用。英外交部堅持不捲入地方紛爭，採取觀望態度。

陳炯明是不贊成孫中山以北伐統一全國的方針，而是主張據粵自保，實行聯省自治。孫陳的分歧港英和親英華商視作有機可乘。

1921 年 3 月港英授意劉鑄伯專程到廣州與陳炯明會談，提出一項援助陳炯明計劃，成立資政委員會，由政府官員和商人各派 5 人組成，其中港商佔 3 人。委員會在廣州和香港兩地進行籌款，在財政上支持陳炯明，要求陳炯明與孫中山決裂。司徒拔贊成這計劃，但殖民地部拒絕了這計劃，認為港英捲入廣東政府內爭是不明智的，陳炯明亦自覺羽翼未豐，不敢貿然與孫中山公開決裂，[2] 援陳反孫計劃無疾而終。滙豐行曾表示，只要陳炯明發動叛變，就向他提供五十萬鎊的援助。[3]

廣東在陳炯明主政下，煥然一新，開民智，開辦農學

---

[1] 《華字日報》，1921 年，第 1 張第 3 頁。

[2] 莫世祥：《中山革命在香港》，第 343-344 頁。張俊義：《二十年代初期的香港與廣東政局》，第 78-79 頁。

[3] 莫世祥：《中山革命在香港》，第 344 頁。

院，他試行民選縣長，成立全省教育委員會，擁有獨立權和較大自主權及專業性，作為廣東全省教育最高領導機構，聘請中共黨魁陳獨秀（1879-1942）南下出任委員長，實行男女同校，增加女子入學接受教育機會，打破中國傳統重男輕女陋習。

美國武官菲蘭少校（Philean，？）於1922年4月向國務院呈交的報告說：「自1921年打敗廣西軍閥後，孫陳已發生意見分歧。」「陳炯明擔任省長，把廣東的稅收用在工商發展、交通及學校等項目。為了進行廣東現代化，每天廣東各方均向陳要預算，發展蠶絲、拓寬馬路、建立無線電報。此外還有少數誠實勇敢的軍長們，籌募軍餉及軍火，剿除土匪，否則會像廣西一樣，不堪收拾。對教會學校及其他外國人辦的學校，也得予協助，已籌備為中國下一代新教育的需要而準備。毫無疑問的，孫陳之分裂與日俱增」[1]

1922 年 6 月 16 日陳炯明發動兵變，驅逐孫中出離開廣東，傑彌遜的報告說：陳炯明的「士兵無法無天，他們三五成群在街上遊盪，遇到任何途人有金銀珠寶就洗劫一空。」[2]陳炯明主政開明，但其部下仍有軍閥的劣根。

罷工幕後黑手謝英伯

海員罷工時，港英指謝英伯控制着廣州所有工會，直

[1] 趙立人：《護法運動中的孫中山與陳炯明》，載陳明銶等主編：《嶺南近代史》，香港，商務，2010，第 69 頁。
[2] 黃宇和著：《歷史偵探》（香港：中華，2016），第 394 頁。

接領導海員罷工。[1] 粵海關的情報指罷工工人首領是謝英伯。[2] 鈴木梅四郎指張繼、謝英伯等是海員大罷工的幕後黑手。[3] 有關張繼與海員罷工的資料暫未能找到，故只能談謝英伯一人。

謝英伯（1882-1939）原名華國，號抱香居士，廣東梅縣人。7歲入私塾讀書，16歲開始學英語，翌年考入香港皇仁書院接受新式教育。在皇仁書院就讀3年後回廣州從事新聞工作，1902年擔任《亞洲日報》總編輯，宣傳女權。1904年主辦《開智日報》，此後先後在《中國日報》、《東方報》、《少年中國報》、《拒約報》、《國民黨週刊》和《民國日報》等20多間報社任職。

謝英伯除任職編輯、記者之外，還從事教育工作。1901年與黃晦聞（？）等人在廣州河南龍溪首約創辦群學書社，搜集書籍及中外報刊，設立群眾閱書報處，並設編輯、辯論、體育等3部。後又增設教育部，轉遷海幢寺，易名南武公學會，籌辦學堂。謝英伯為校長，男女同校，開男女平等風氣之先河。1906年謝英伯曾先後任教於梧州中華學堂、香港安懷女學校、聖約翰學校、聖保羅書院、檀香山華文學堂等。此期間他積極參加革命活動。1907年在香港加入同盟會，並任香港支部主盟人。

1913年7月討伐袁世凱的二次革命爆發，謝英伯在廣州主辦《討袁日報》猛烈抨擊袁世凱。二次革命失敗逃亡美國，一方面從事革命活動，一方面努力求學，先後在進

1　余繩武等主編：《二十世紀的香港》，第 85 頁。

2　黃宇和著：《中山先生與英國》（台北：學生書局，2005），第 413 頁，引 1923 年粵海關檔案。

3　陳湛頤編譯：《日本人訪港見聞錄》上卷，第 199 頁。

加州大學和哥倫比亞大學修習政法社會學科，尤其對勞工運動有心得和體會。

1917年7月謝英伯追隨孫中山南下護法並任秘書，1918年當選為眾議院議員，5月孫中山被迫辭去大元帥職務離開廣州。但謝英伯仍堅持留在廣州，其後因發動電燈公司及自來水廠工人罷工，桂系軍閥要捉拿他歸案，他才匆忙逃離廣州到香港。

1920年8月12日陳炯明率兵回粵，驅逐桂系勢力，謝英伯又回到廣州積極開展勞工運動，組織互助總社，會址設在惠福東路，屬會有海員、駁載、內河、粉麵茶館、鋸木、海陸群益、花筵和職工公餘工社等23間工會，人數總共約有二萬餘人。並開設醫院和學校，出版《互助日報》，提倡互助，反對互相競爭，宣揚克魯泡特金的互助論，[1] 成為隱藏不露的勞工運動領袖之一。

謝英伯又控制了廣東總工會，該會下屬有30多間工會，實際主持人是陳森（？）、黎端（？）和黃煥庭等。[2]

罷工期間廣州互助總社、廣州總工會曾派代表到海員工會見負責人，表示願意協助海員工會達到罷工要求。[3]

1922年澳門發生五一九血案，謝英伯有份在幕後領導鬥爭。同年陳炯明發動兵變後，自稱為客家人，冀圖爭取海員中人數不少的客家人的支持。謝英伯因此大量印發傳

---

[1] 褟倩紅等著：〈第一次國共合作期間粵港工會統一運動〉，載盧權等著：《耕耘集（續集）》（廣州：廣東人民，2003），第 18 頁。陳衛民：〈 南方工會 初探〉，載沈以行等主編：《中國工運史論》（瀋陽：遼寧人民，1996），第 182 頁。

[2] 中共廣州市委黨史資料徵集研究委員會辦公室編：《廣州大革命時期回憶錄選編》（廣州：廣東人民，1988），第 207 頁。

[3] 《華字日報》，1922 年 1 月 16 日，第 1 張第 3 頁。

單，揭露陳炯明並非客家人這一事實。

1923年12月15日關餘事件，廣州的海員工會和其他工會、婦女及學生團體開會，商討如何支持孫心中山，粵海關探子指這次運動的指揮正是謝英伯。12月16日舉行的群眾大會有二千餘人出席，大會主持正是謝英伯，號召市民支持爭取關餘。[1]

孫中山在北京逝世，國民黨一屆四中全會便正式打出反對孫中山三大政策的旗號，這批人稱為西山會議派。謝英伯也參加了西山會議，積極參與反共活動，後又擔任上海國民黨中央監察委員。1927年國民黨滬、漢、寧三黨部合一，他又擔任海員工會清黨委員，並用一個月的時間，將海員工會由廣東遷去上海。

1928年春謝英伯回到廣州，從事律師及新聞教育工作，並開始研究考古學和佛學。1928年創辦廣州黃花考古學院，出版《考古雜誌》，又創設中國新聞學院自任院長。1932年主辦《三民日報》。1936年出任廣東省高等首席檢察官。至1938年10月廣州淪陷前夕，才全家移居廣寧。因頻年積勞糖尿病復發，於1939年10月逝世，終年57歲。

司徒拔的軟硬手段

海員罷工後，司徒拔一口咬定罷工是由廣州煽動者領導的政治運動，向殖民地部報告：「海員罷工不單純是一場經濟活動，而是一場政治運動。」「孫中山領導下的國民黨是此次罷工的幕後組織者。廣州政府已完全

處於這一具有布爾什維克主義性質的組織的控制下。毫無疑問，極端主義者站在孫中山一邊。」[1]

鈴木梅四郎的觀察也認為：海員大罷工帶有濃厚的政治色彩，與其說是香港開埠以來的一件大事，毋寧說已漸漸演變為白人對有色人種的問題。[2] 鈴木梅四郎指：廣東人認為中國問題的核心是要清楚理解在資本主義組織中的事情；挽救中國的方法。鈴木梅四郎與司徒拔的觀點有不謀而合之處。

司徒拔對待孫中山的手段，可算是處理政治矛盾高手，曾渴望有人暗殺孫中山。[3] 但是另一面却對孫中山施展懷柔政策。

1920年11月孫中山由上海回廣州途經香港，司徒拔雖對孫中山極之不滿，但沒有抱有積怨，而是基於維護香港管治需要，改善港粵關係的認知，改用新的策略對待孫中山。因此允許孫中山在香港登岸，改乘當日的廣九鐵路專車上廣州。[4]（詳見上文論述）

翌年劉伯鑄專程到廣州與陳炯明會談，討論援陳反孫，是得到司徒拔的授意。（詳見上文論述）到了5月港英不准香港市民慶祝孫中山就任大總統，可看司徒拔的兩面手段。

罷工中期勞資談判開始，司徒拔考慮恢復海員工會，夏理德則極力反對。海員工會大獲全勝，港英不顧威信和

1　莫世祥：《中山革命在香港》，第 344 頁。
2　陳湛頤編譯：《日本人訪港見聞錄》上卷，第 198 頁。
3　張俊義：《二十年代初期的香港與廣東政局》，第 74-75 頁。
4　莫世祥：《中山革命在香港》，第 329-330 頁。

名譽掃地，由武力鎮壓轉變為全面屈服，更見司徒拔的手段靈活，但很多人總是以強硬派來稱謂他。但細加分析，真正的強硬派分子是夏理德。

司徒拔的父親是教區主教，他在傳統名校主修文學，出身殖民地部，作風保守辦事因循守舊，沒有開拓精神。在處理大問題上往往會靜候倫敦的指示，如在妹仔問題上，在各方壓力下，他認為多一事不如少一事，遲疑不決，拖延時間，在殖民地部長邱吉爾（Winston Leonard Spencer Churchill，1874-1965）的雷厲風行指令下，才有所行動。他處理社會問題雖多主張以武力解決，[1] 但亦有懷柔一面。

在如何處理海員罷工上，司徒拔和傑彌遜之間存在分歧。司徒拔認為這場罷工從一開始就是一場政治罷工，港英決不能手軟，否則後患無窮。同樣認為要以強硬手段對付廣東政府，逼迫其就範。司徒拔指傑彌遜在罷工初期對廣東政府態度過於軟弱，對陳炯明抱有幻想，因而才使事態變得不可收拾。[2]

而傑彌遜則認為司徒拔對中國政局太缺乏了解，目光囿於香港一地，在處理海員罷工事件中過於強硬，舉措失當致激化了矛盾，使本來很簡單的一宗經濟事件轉化為一場政治衝突，致使國民黨有機可乘。認為應當利用陳炯明與孫中山之間的矛盾，信任並支持陳炯明，通過他的影響來平息罷工。[3] 在這方面傑彌遜是成功完成任務。

1　黃兆輝著：《港產紳士》（香港：超媒體，2014），第 97-102 頁。
2　余繩武等主編：《二十世紀的香港》（香港：麒麟書業，1995），第 86 頁。
3　余繩武等主編：《二十世紀的香港》，第 86 頁。

司徒拔從罷工中體會香港繁榮與廣州關係密切，如果省港敵對，香港貿易會陷於停頓。為了香港利益，港英必須與廣州當局保持良好關係。1923年孫中山經香港返廣州時，獲司徒拔設私人午宴招待示好，從當時外國人的書信和報告來看，或許司徒拔對罷工猶有餘悸。如1923年12月15日關餘事件，廣州的海員工會和工會、婦女、學生團體開會，商討如何支持孫心中山，粵海關探子的報告一提到海員大罷工，有如談虎色變。

　　部份在華北的英國人認為司徒拔降格款待孫中山，對這舉動表示噁心，[1] 在一陣陣不滿聲中，司徒拔仍得到倫敦信任，直至第二個風浪——省港大罷工殺到，才離任返英。而他的離任亦不是被指未能處理好省港大罷工，有關這部份的論述，留待撰寫省港大罷工時再詳談。

　　在關餘問題上，司徒拔替孫中山將有關問題的信件，轉交駐華總領使和殖民地部，引致駐華總領使批評他，不要為了保護香港局部利益，而損害了英國在華整體利益，並向外交部投訴司徒拔維護孫中山，外相只是把信件轉交殖民地部，不予理會及沒有任何跟進。[2] 可見他工作表現是得到認同的。

　　我們試再從另一件糾紛來觀察司徒拔是否強硬派。1923年港英擬推出《民田建屋補價條例》，規定各區農地轉為屋地要向港英申請批准，補繳地價，荃灣、粉嶺、元朗等鄉紳提出反對，得到沙頭角、上水、大埔等地區人士響應參加籌備工作。鄉紳於11月上書司徒拔，指《民田建

1　黃宇和著：《中山先生與英國》，第 434-533 頁，引 1923 年司拔致外交部報告。
2　同上，第 460-464 頁，引英國檔案。

屋補價條例》與《展拓香港界址專條》不符，請求收回成命。[1] 1925年新界和新九龍居民代表聯署上書殖民地大臣，指港英的新政策有如強奪民產，要求取銷。

交涉期間，錦田鄧氏向港英提出請求，交還英軍掠去的吉慶圍和泰康圍鐵閘，用以修復圍牆以資防衛。[2] 1925年港英自愛爾蘭運回鐵閘重新安裝在吉慶圍，司徒拔並親臨主持啟用禮，鄉紳為隆重其事立紀念碑於牆上。[3]

縱觀司徒拔的一生，他並不算是一位強硬派港督。

夏理德是罪魁禍首

從《華字日報》的罷工報道來看，司徒拔不是徹底的強硬派，夏理德才是強硬派。夏理德在香港歷史研究上未引起大多數人的注目，他的強硬作風，為司徒拔添上不少煩惱，更被屈戴上強硬派的帽子。

夏理德（哈利法克斯，Edwin Richard Hallifax，1874-1950）於1874年2月17日出生在印度西孟加拉邦大吉嶺地區，1894年以官學生資格來港，時年23歲。1899年5月任新界警察裁判司（Police Magistrate），1899年底兼任助理警察司（Assistant Superintendent of Police），1900年10月任新界副警務司兼裁判司，1902年出任副警務司職位，1905年北上河北秦皇島任市民委員。1906年回港復任

---

[1] 《1923年11月上港督塔制軍呈文》，載：薛鳳旋等編著：《新界鄉議局史》（香港：三聯、浸會大學當代中國研所，2011），第395-396頁。

[2] 薛鳳旋等編著：《新界鄉議局史》（香港：三聯、浸會大學當代中國研所，2011），第192、394-400頁。

[3] 劉智鵬主編：《展拓界址》（香港：中華，2010），第52頁。

副警務司，1907年兼任新界副田土官，1911年升任華民政務司，1918年得O.B.E.（大英帝國最優秀勳章，Most Excellent Order of the British Empire）勳章，海員大罷工後於1923年得C.B.E.（司令勳章，Commander），是年出任布政司，1933年退休離港，於1950年去世。他言論謹慎，守口如瓶，[1] 有兩個兒子和1個女兒。

海員罷工後馬超俊到香港了解情況，夏理德立即約晤馬超俊，馬超俊提出：「勿走極端以免風潮擴大」的主張，夏理德大為受落，這就是港英在罷工初期力圖推行仲裁的根源。[2]

海員工會在港與東華談判期間，周壽臣與劉伯鑄以司徒拔傳話人身分出現，是否司徒拔與夏理德之間出現隔閡，或不信任的情況，要由華人來傳話。司徒拔接受了這些傳話後，態度轉變為懷柔，箇中原因何在呢！罷工中期勞資談判開始，司徒拔考慮恢復海員工會，夏理德極力反對。

罷工結束後的1923年1月，孫中山重返廣州，經港與司徒拔會面，孫中山提出粵港合作，兩人會面氣氛融洽。夏理德表示不贊同支持孫中山。[3]

在港英內部司拔與夏理德在處理罷工手法上有分歧，在英國政府層面上，司徒拔與傑彌遜亦有分歧；在民間層面上，英國不滿廣州基督教青年會接待罷工工人。[4] 英方陣營內雖然有分歧，但各人按自己權責工作，在爭取

---

[1] 《工商日報》（香港：1934年2月4日），第3張第3版。
[2] 周奕：《香港工運史》，第34頁。
[3] 傅秉常口述：《傅秉常口述自傳》，第28頁。
[4] 黃宇和著：《中山先生與英國》，第55頁。

英國利益大前提下，沒有出現矛盾衝突而影響工作。相對來說，孫中山與陳炯明雖有矛盾，但二人都未能主導罷工，勞方陣營可算相當一致。只是罷工初期，激進派和溫和派在罷工策略上有分歧，不久激進派即主導罷工策略，直至罷工結束。資方陣營華商與洋商各自為自己的利益盤算，加上存在長久的華洋不平等，分歧不少，從這方面來看，勞方一直佔上峰。

何東的調和罷工手段

何東是海員大罷工能夠順利解決的重要人物，在支付罷工間期一半工資問題上，何東私下承諾支付該筆款項，[1] 該筆金錢共需三十六萬八千元，[2] 事後，何東的承諾並沒有兌現。

1925 年 3 月海員工會紀念海員罷工三週年，就半薪問題發出致全世界工人宣言《請看船東和香港英殖民地政府欺騙海員》，指罵港英、船公司和何東等狼狽為奸，當時香港的英文報刊亦有宣言刊出，要求港英和船公司辯駁，以保存港英的面子，但港英等卻沒有回應，[3] 原因何在呢！可能因為理虧怕愈描愈黑。同年 5 月，第二次全國勞動大會在廣州召開，會議通過《鏟除工賊決議案》，何東名列其中。[4]

1　鄭宏泰等著：《何東》，第 135-136 頁。

2　中國勞工運動史續編編纂委員會編：《中國勞工運動史》第 1 冊，第 187 頁。

3　鍾點編：《香港海員大罷工》，第 59 頁。

4　中華全國總工會中國工人運動史研究室編：《中國工會歷次代表大會文獻》第一卷（北京：工人，1984 再版），第 27 頁。

海員工會為了追討半薪，向國際勞工組織（International Labour Organization，簡稱ILO）尋求協助，1929年時國際勞工組織總幹事譚馬士（阿爾伯特·湯馬士，Albert Thomas，1878-1932）仍在跟進。港英認為國際勞工大會是無牙老虎，知會何東不要接觸譚馬士，以拖字訣來處理。[1] 港英則覆函譚馬士，指香港還沒有一個能夠負責的代表或團體來接收賠款，所以暫時不能交付這筆款項，事件最後不了了之。[2]

　　1929年9月19日國際勞工組織辦事處法籍主管接手向何東追討該筆款項，當任港督金文泰（Cecil Clementi，1875-194）代何東回覆，指大部份船東已支付了那三十萬元，認為海員工會領袖蘇兆徵與林偉民加入了共產黨，將海員罷工定性為背後有共產黨強力支持的政治事件，意圖混淆視聽，抹黑海員工會。[3]

　　據《華字日報》1925年4月18日，第4張報道，事情另有一個版本。該報引述林偉民在《嚮導》週報發表的一篇告全體海員同志書，指出海員罷工期間發給半薪，總數在二十萬以上，傳聞各船東已將款項交給全權代表怡和大班包特倫，後因海員工會提出清單與數目有少許出入，因有少數船公司直接將錢交給了海員，海員未有通知工會，船公司代表遂不允再繳款，乃轉請海員工會再行查明實數多少，然後才交錢。但海員復工後，大部份輪船已出海，以致工會無法找海員查核，只好留待各海員返港然後清楚查

[1] 鄭宏泰等著：《何東》，第 136 頁。
[2] 駱傳華著：《今日中國勞工問題》（上海：上海青年協會書局印行，1933），第 79 頁。
[3] 梁雄基著：《中西融合》（香港：三聯，2012），第 50。

核，因此遷延時間。直至海員工會查明實數後，預備向特倫領取款項時，剛巧包特倫去了遊埠未回港，所以款項拖延至1925年仍未交出。海員工會再準備向船公司交涉時，船公司既已經將款項交給包特倫，所以一定要等包特倫回港才能解決這問題。

何東出現調停會前，早於3月3日黃昏先行會見夏理德，再先後造訪傑彌遜和陸敬科，對傑彌遜和陸敬科說，他願意出面籌募經費以解決半薪問題，這筆款項將委托第三者管理，何東謙遜表示，不知能否為解決罷工問題，只想盡一點綿力，又希望兩位不要把他的名字說出來，半薪問題因此初步得到解決。[1]

何東在介入罷工調停上的小心謹慎，不敢貿然提出意見，眼見問題未能解決，又恐觸動港英神經，所以先在幕後活動，約見有關官員，得到他們首肯，才出面提出意見。何東如此小心行事，因港英處理社會問題上，不想見到問題在華人主導下得到解決，但有時要解決問題，沒有華人出面是不能成功的。因此華人在這情況下，會制造假象，讓市民以為華人根據港英的指示來解決問題。反法工罷工時，華人就是以此方法與港英週旋，完滿解決問題。東華召開市民大會時，已有總理提出要小心處理，問題就在此。而東華日漸淡出處理社會問題，根源也在此，並不是得不到華人的信任。

港英早在 1921 年已開始重用華人，委任周壽臣出任定例局議員。1924 至 1925 年，英國在倫敦温布萊 (Wembley) 球場舉辦英聯邦展覽會 (The British Empire

---

[1] 同上，第 48 頁。

Exhibition），香港專員為夏理德，副專員為周壽臣、何東，可見何東得到重用。

第五章　　總結

罷工後的工潮

英國古典經濟學家亞當・斯密（Adom Smith）在《國富論》*An Inquiry into the Nature and Causes of the Wealth of Nations*一書中指出：在勞資爭議拖延下去時，僱主憑藉本身的資本總比工人能持久堅持不退讓，失業工人在耗盡生活資源時，就難以支持下去。[1] 香港海員得到廣東政府的支持，才有56天的經濟能力來銷耗，把港英打垮，雖然令經濟鬥爭蒙上政治色彩，但卻為共產國際的馬林路線有了堅實的理據。

海員罷工後，香港出現連串工潮，1922 年 3 月海陸理貨員要求加薪，罷工一個月後得到解決。[2] 4 月中，木匠發動罷工要求加薪。5 月初電車工人舉行罷工，要求加薪。[3] 接着是太古船廠工人提出要求加薪百分之十五。理髮煥然工社提出要求減時工作，每日工作 10 小時，星期日休息半天，5 月 1 日勞動節、雙十節國慶休息，及除夕休息一天等。[4]

1922年三行工人響應海員大罷工，於是華工總會、協

---

[1] 亞當・斯密著：《國富論》（精選本）（香港：商務，2002），第 50-51 頁。

[2] 中共廣東省黨史研究委員會辦公室選編：《廣東群報選輯》（廣州：1964），第 153 頁。

[3] 盧權等著：《林偉民》，第 120 頁。

[4] 《華字日報》，1922 年 3 月 22 日，第 1 張 3 頁。

和木匠總工會直接去函香港建造總商會，要求加薪三成，接着油漆、銅鐵、泥水和打石等約十個不同行業的工人加入行動，資方認為加薪幅度太高，談判破裂，工人發動全體工人罷工，派出糾察隊，到各建築地盤巡視，勸喻工人停工及不要單獨和資方談判。資方為如期完成，到廣州招聘三行工人來港工作，廣州工人在港工作遭到工會阻止。勞資官三方談判下，建議加薪兩成，港英體察正在進行的工程會因加薪影響盈利，承諾調整工資後，以舊工資計算工程預算的差額將由政府承擔，工人滿意加薪幅度，工潮結束。

1922年8月16日，建築業工潮再起，搭棚同敬堂工會要求加薪45%，發動罷工，雙方達成共識，棚工加薪45%。

1923年1月13日，僑港樓廠建造木業工會工人要求加薪15%，雙方達成共識簽訂協議，工潮平息。[1]

海員罷工勝利後，影響至長江海員起來抗爭，原因是海員工會爭取得來的加薪協議，上海中國輪船公司不肯履行，寧波海員公所乃派代表朱寶庭到香港要求海員工會派人援助，工會乃派林偉民到上海，着手組織海員工會上海支部，要求中國輪船公司履行加薪協約，資方仍不答允，工會遂宣佈罷工。招商局和三北公司等約二三十艘輪船海員加入，時為3月下旬，罷工堅持兩個星期，結果勝利。[2]

海員能夠團結一致，得到香港市民全力支持，集體寫好一個「人」字。海員工會的成立，把分散在各行船館的海員集中起來，凝聚成一股力量，是香港史上最重

---

[1] 何佩然著：《築景思城》，第 111 頁。。
[2] 鄧中夏：《中國職工運動簡史》，第 442 頁。

要的民間組織，帶領香港工運前進，推動中國工運的發展，具有火車頭作用。

海員大罷工產生的影響超越香港，鼓動了國內工人為改善生活待遇而團結抗爭，促使中國工人運動進入一個新的高潮，工會紛紛成立，發動經濟罷工，令工人獲得加薪，改善待遇。海員大工罷工推動了全國工人運動，從1922年初至1923年2月，全國各地罷工共達一百餘宗以上，參加罷工人數共達三萬人。自此以後海員工會聲望日隆，蘇兆徵，林偉民晉身為中國工運領袖。

5月1日勞動組合書記部在廣州召開第一次全國勞動大會，出席代表共173人，代表全國12個大城市的110個工會、卅四萬有組織工人，廣州和香港的代表佔了八成。香港的代表有海員工會的陳炳生、林偉民、蘇兆徵、香港工團總會代表何荃洲（？）等。蘇兆徵在大會上提出規定3月某日為海員罷工沙田慘案死難紀念日，並獲大會通過。在海員罷工的影響下，廣東政府取銷中國刑律中有關罷工治罪的條文命令。

華人領袖的地位

有學者認為海員罷工中，東華的調停人角色不起作用，更日漸褪色，或認為華人精英擔心工會取代他們成為華人社會領袖的地位。學者舉劉鑄伯的言論為例：他認為罷工是有政治目的，而非經濟運動，它得不到商人的支持，因而訴諸學生和工人，並且受共產主義大力支持和鼓動。他譴責罷工者自私愚昧，力促港英取締所有

工會，寸土不讓。[1]筆者在論述何東與罷工時，已談及這些因由。現再觀察罷工調停人之一葉蘭泉罷工後的活動，就可否定以上的推論。

1922 年港英委任葉蘭泉為陪審員，可見港英仍重這些華人精英，極力拉攏。當時發生的小輪海員與海陸理貨員罷工，華商總會派葉蘭泉、周雨亭為代表在船政廳向雙方調停，經過數次商談後調停成功。[2]

雞鴨行總工會函訴雞鴨行工人與鮮魚工人因往大船起貨引致衝突，自此彼此日事尋仇，經已打傷數人，以致兩行工人不敢開工，請華商總會調停，經葉蘭泉調停，兩行工人允和平解決，彼此不究往事，立即開工，隨後兩行工人列隊到華商總會致謝。[3]

同年的米行、酒樓、茶居、帆船、搭棚、鐘錶和染房等多個工會要求加薪，釀成工潮，均由華商總會出面調停，然後相繼復工。[4]

從以上華商總會活動的資料來看，日後的罷工華人精英仍擔要角。華商雖不以東華總理身份活動，改以華商總會身分處理社會問題，華人社會仍需要這些人來領導，甚至支持他們。

---

[1] 高馬可著：《香港簡史》（香港：中華，2013），第 127 頁。鄭宏泰等著 ：《白手興家》（香港：中華，2016），第 183 頁。
[2] 周佳榮等編著：《香港中華總商會百年史》（香港：中華總商會，2002），第 31 頁。
[3] 同上，第 36 頁。
[4] 同上，2002，第 35 頁。

史料誤差

蘇兆徵於 1926 年 1 月在中國海員第一次代表大會上的報告，指「香港當局調集太平洋兵艦 16 艘及陸軍機關槍隊來制我們，說我們罷工不是經濟要求，而是有政治作用。資本家的走狗政府於是派了武裝警察五六十人，攜帶了機關槍兩挺封閉了我們的工會。可是我們不特不因此退縮，且更加奮鬥，認為此污辱我們的國體，誓死與之奮鬥！」[1]

蘇兆徵以上講話正是省港大罷工期間，用詞激烈在所不免。其中所指港英調集兵艦 16 艘及陸軍機關槍隊鎮壓，查閱當日香港的報章，找不到進一步的資料佐證。很多人加以引用，但龍少對此有疑問，所以在上文談及港英調兵時沒有列舉這一資料。認為此大批軍艦來港竟然沒有新聞報道，且也沒其他旁證，故只在此加以論說。

而所說的港英派武裝警察五六十人，攜帶了機關槍兩挺封閉工會，亦得不到當日報章佐證。翻閱歷年有關警方的資料，未見曾有如此重量級武器，當時是否擁有兩挺機關槍成疑，且能否動員五六十人亦是問題，且為何要出動如此多人呢。

很多人都述說孫中山曾為海員工會題簽，有關孫中山的手書實物或題簽橫幅已不再存在，任何這方面的實物影像也沒有，難以證實這一說法。從現存的海員工會的刊物、會旗照片、證書等用品上的會名題字來看，對照孫中

---

[1] 盧權等：《蘇兆徵》，第 62 頁，引：蘇兆徵在中國海員第一次代表大會上的報告，1926 年 1 月。蘇兆徵：〈中華海員工業聯合總會報告〉1926 年 1 月 5 日，載蘇兆徵《蘇兆徵文集》，第 29 頁。

山的遺墨（參閱附圖），這絕對不是孫中山的手書字。

再翻看當時人的回憶及原始資料如何記述，中國勞工運動史續編編纂委員會編的《中國勞工運動史》增訂版，第1冊，是用賜名一詞。而黃朗正撰述的《聯義社社史》和海員工會早期組織者趙植芝（1875-1950）的〈香港聯義社革命史略〉都沒有說是手書題簽，只是說題會名。

大部份學者都說掛回招牌的是何明華會督（Ronald Owen Hall，1895-1975）或警司京氏，但當日的中英文報章報道這宗新聞，都沒有指名是誰人。當時何明華尚未做會督，為何會找他掛回招牌，可能性不大，亦未見有任何意義。警司京氏在日後報刊中亦見他的活動報道，沒有因工會而影響仕途，且他封閉工會只是奉行行事，不是他個人的主意。強硬人物夏理德官運且在上升中，安排京氏受此屈辱可能性不大。

綜合當日報章記述掛回招牌情況如下：下午2時半港府出動二十人（英文報章用「twenty men」來描述，沒有說明是甚麼人），從中區警署取出中華海員工業聯合總會的招牌送抵上址。這個時候，群眾響起了歡呼聲，震動整個中環。招牌被送到工會樓下，舉行了一個儀式，一萬餘人見證了這塊顯示工人團結威力的橫匾，被重新安裝在工會騎樓的外面。[1]

現存當日掛回招牌的現場照片由香港電影之父黎民偉（1892-1953）拍攝，黎父家住中環蘭桂坊15號3樓。[2]

---

[1] 周奕：《香港工運史》，第 49 頁。《華字日報》1922 年 3 月 8 日，香港，第 1 張第 3 頁。

[2] 鳳群著：《黎民偉評傳》（北京：文化藝術，2009），第 25 頁。

他是日步行上上中環士丹利街機利公司，下午4時港英派警員交還海員工會招牌，他拍下現場照片。[1]

工人階級的覺醒

海員工會是香港史上最重要的民間組織，帶領香港工運前進，推動中國工運的發展具火車頭作用。香港一批在工運佔有重要地位的工會就在此時成立，如：摩托車研究總工會、酒樓茶居、內河輪船總工會、洗衣研究社、海陸理貨員工會、漢文排字工社、搭棚行同敬社、景源工社、九龍潔淨外寓、木匠總工會、寄閒煤炭二判總工會、車衣工會、船主司機、方言工會、持平肉行工會、同樂別墅、米業同協工會、同德、集賢和電車工會等。

香港的工會開始走入社會，在全港事務上發言，如蘇兆徵在妹仔大會上發言，工會派出察隊維持秩序。各社會團體亦開始關注勞工面對的問題。

1922年香港三教總學會改名「中華聖教總會」，出版機關刊物《樂天報》，以淺白語言推廣孔教。組織傳道團深入低下層市民聚集的印刷工場、織造廠、電車工業競進會、戲院、新界大埔墟和來往香港至新會的輪船等，進行傳教工作，[2]中華聖教總會的教義是儒釋道三教合一。

---

[1] 黎錫編訂：《黎民偉日記》（香港：香港電影資料館，2003），第 10 頁。
[2] 危丁明著：〈尊孔活動與香港早期華人社會：以中華聖教總會說明〉，載蕭國健等主編：《鑪峰古今 2014》（香港：珠海學院香港歷史文化中心，2014），第 39-40 頁。

▲現存孫中山紀念館的孫中山的遺墨。　　（龍少拍攝）。

▲現存孫中山紀念館的海員工會月刊。　　（龍少拍攝）

▲海員工會的舊證書。　　　（海員工會提供）

▲海員工會的舊會旗。　　　（海員工會提供）

罷工條件的履行

罷工雖勝利，但很多爭取到的條件都沒有落，前文己談及何東的半薪領不到。港英和船公司也沒有執行部份條約，利用一般工頭組織航海公會，以圖破壞統一的海員工會。[1]

1923年，太古洋行百餘艘的藍窗船的船東竟不按照協議增加工資。海員工會向港英提出抗議，港英置之不理；與此同時，港英偏袒船公司破壞協議，僱用破壞罷工者代替罷工海員，甚至容許破壞罷工者在船上隨身攜帶軍械，以備鎮壓之用，港英又和船東勾結，保護航海公會。繼續維持嚴重剝削的包工制，允許包工頭在陸地及海上持械威嚇海員。

包工制直至於 1950 年始完結消失，海事處成立海員招募處，包工制就無法存在。

協議原有海員簽新約時，工會可以列席，這可算是香港工會的第一份承認的集體談判權協議，可是資方一直沒有執行。

罷工期間頒佈的《緊急情況規則條例》影響深遠，直至1967年的反英抗暴運動，港英都是運用這條法例來進行鎮壓的。

根據英國1920年議會通過的《非常時期權力法》，賦予政府在出現威脅國內人民正常生活時，可以宣佈緊急狀

---

[1] 鍾點編：《香港海員大罷工》，第 58 頁。

態，並依該法實行統治的權力。[1] 《緊急情況規則條例》正據此而頒佈的。

沙田血案研訊

1922 年 3 月 3 日港英召開沙田血案研訊，周少岐原是陪審團成員之一，因參與省港談判，且痔瘡發作請求豁免退出該案。法官答應他的請求，結果選出外籍人士陪審員 3 人。國家律師域文（？）代表港英，山頓（？）律師代表警方，[2] 主審法官是活特。

律師域文對法官說：「政府如果有意將此不幸的事件徹底調查，可以尋找各人出庭作證，供憲台[3] 和陪審員研究。所以需要請有份同行的人出庭。如憲台同意，希望憲台宣佈如有華人當日有份步行到大埔道者，可到法庭將當日情形講述，作為口供。絕不會追究以往的事情，使他們無懼出庭。」

法官問：「暫時尚未接到詳細報告嗎？」

域文回答說：「未有。」

法官遂應域文的請求，宣佈：「如果有人能夠將大埔道發生的事到本庭說出來，極表歡迎。」

法庭先傳九龍大醫生士摩利（？）上堂作證，說：「驗得死者譚樹標（？-1922）其中槍子彈由左便大髀打

---

[1] 李英等著：《中外工會法比較研究》（北京，知識產權，2011），第 157 頁。

[2] 《華字日報》，1922 年 3 月 10 日，第 1 張第 3 頁。

[3] 指主審法官，文字上或用臬司。

入致死的，死亡原因是受槍傷，及驚恐過度所致。我曾在廣華醫院為其醫治，但兩日後過世。

摩利回答山頓律師的問題時說：「我檢驗過 4 具屍體，皆有傷痕，似是由一粒子彈射穿一人而間接傷及別人，因此等快槍子彈最為鋒利。」

山頓將一粒快槍子彈呈堂，再問摩利：「死者的受傷或者是由第二個人先被子彈打傷貫穿，別人處則所傷的多人均由第四粒子彈所做成。」

摩利回答說：「是。」

法官錄取醫生口供完畢，然後問域文：「本司認為要先與陪審員到肇事現場視察，然後才繼續開庭，好嗎？」

域文說：「最好先錄取副警司口供，方知此案詳情。」

法官遂宣佈下星期一下午 2 時 15 分開庭繼續研訊。

是日死者親屬未有請律師到庭。[1]

最後法官裁定京氏動用過分武力沒有過失，而且對京氏的盡忠職守表示讚揚。[2] 法官的裁判結果在各英國殖民地屢見不鮮，前港英官員夏思義（Patrick Hase，？）對英國治理殖民地的觀念的評說，可為這一情況作為註腳。

他指：英國以文官管治香港，認為是把自己文明的偉大優點和仁慈帶給被統治民族，並致力改善他們的命運，

---

[1]　《華字日報》，1922 年 3 月 10 日，第 1 張第 3 頁。
[2]　周奕：《香港工運史》，第 46、562-568 頁。

由此而作出假設：任何反抗都是被誤導或者發瘋了，為免發瘋了的人將錯誤觀念傳染給別人，反抗必須盡快敉平，才能把英國統治帶來的好處，提供給被統治民族中的其他人。暴亂者是完全不值得英國人以仁相待的瘋子，只適合予以消滅。其意是任何反對都是錯誤的，必須消滅，所以法官認為京氏的行為只是盡忠職守而已，法庭不是討公義的地方，間接說明為了執法可以使用過分暴力。

他繼續指出：如情況已非警員所能應付，適當的方法是派出正規軍隊介入，採用適當的武力，對和平百姓秋毫無犯。英國法律有一個重要特點，在已建立文人政府的地區，正規軍如果沒有得到文人政府的首肯，一般不能在該該地進行積極的軍事行動，因為判斷一場騷亂是造反還是民眾騷動屬於政治決定，而非軍事決定，是文人政府的責任。[1] 反英抗暴時正是這一情況。

到了 1927 年，正是這位京氏警司帶隊封閉海員工會。

---

[1] 夏思義著，林立偉譯：《被遺忘的六日戰爭》，香港：中華，2014，第56-57 頁。

▲位於廣州中華全國總工會舊址
　的紀念碑，刻有沙田慘案死者
　的名字。　　（龍少拍攝）

港英公佈的沙田血案撫卹金總數為 5,200 元，[1] 據英文報章的報道：港英給予每位死難者發給撫卹金 1,000元，而有關傷者的賠償則沒有被提及。港英的記錄是死了 4 人，而廣州的記錄是死了 5 人。[2] 即是港英給死者的撫卹金總數是 4,000 元，所以初步推測港府用在傷者身上的費用總共支出了 1,200 元，沒有傷者數字，未能計算個人所得。

政治罷工抑或是經濟罷工

按馬克思主義來看，工人運動的歷程由個人鬥爭開始，然後是經濟鬥爭，再進入政黨領導的政治鬥爭，這些鬥爭的武器就是罷工。列寧認為經濟鬥爭是「工人為爭取得出賣勞動力的有利條件，為改善工人勞動條件和生活條件而向工廠主進行的集體鬥爭。」[3] 恩格斯指政治鬥爭就是「舊的統治階級要保持統治，新興的階級要爭得統治。」[4] 簡單地來說就是要奪取統治權。

不同的階級立場對每一事件分析有不同的結論，司徒拔從殖民統治階立場出發，當然認為任何反對都是有政治目的（如上文夏思義的評說），所以認為海員大罷工是反英政治罷工。而他掌管的是殖民地政權，時刻恐市民起來反抗，連東華勢力日大，港英也有所顧忌。加

---

[1] 《華字日報》，1922 年 10 月 14 日。

[2] 周奕提供資料。

[3] 列寧：〈怎麼辦〉，載《列寧全集》第一卷（北京：人民，1995，第三版），第 346 頁。

[4] 恩格斯：〈卡爾‧馬克思〉，載《馬克思恩格斯選集》第三卷（北京：人民出版社，1995，第二版），第 334 頁。

上海員大罷工有民族主義成分，當然認為是政治罷工。而當時國民黨亦有收回香港的念頭，罷工工人回廣州，司徒拔怎不會認為是政治罷工。

蘇兆徵於罷工後曾認為這是經濟罷工，到了加入中共後，領導省港大罷工時，以共產主義來分析問題認為是政治罷工。海員工會把被拆招牌上升為國家民族被侮辱，所以在中國海員第一次代表大會的報告指：在港英行為污辱我們的國體，誓死與之奮鬥的說法。[1]

罷工宣言力只是說爭人格，沒有提及政治方。而致上海工界的文件，則以政治和民族來號召同情，指是「中華全國工界光榮」。

鈴木梅四郎於 1922 年 3 月 21-23 日在日本《時事新報》發表《香港罷工》一文，指香港的工人運動帶有民族主義。說：「香港現時有一百二十四個工會，包括了各種各樣的中國人。這些組織經常組成大聯盟，跟資本家的白人勢力對抗，憑實力以伸張他們在政治上、社會上的權利。他們要求決不止於工資的問題，『讓中國人跟世界上文明國家的人過同樣的生活！』等是他們發自心底的呼喊。當他們控訴白人虐待、殘酷驅使中國人時，滿腔都是怒火。他們經常提到中國工人在街上遭鞭撻的事實；又指賠償一條中國人的性命，只需 60 塊，但 1 匹駿馬却值二百五六十元，說時悲憤填膺。中國人確實醒覺了。」[2] 鈴木梅四郎將香港海員大罷工放進中國革命中來評論，指罷工是為了自強，所以帶有政治性。

---

[1] 蘇兆徵：〈中華海員工業聯合總會報告〉1926 年 1 月 5，，載蘇兆徵《蘇兆徵文集》，第 29 頁。

[2] 陳湛頤編譯：《日本人訪港見聞錄》上卷，第 199 頁。

歷史學家陳明銶（？）指出，罷工「從一場經濟罷工演變成英殖民勢力與中國愛國尊嚴和民族利益之間的全面政治對抗」。[1]

罷工雖高舉民族主義以團結工人，但廣東政府在處理涉外問題時，沒有造成授人以話柄，引來致外交風波。孫中山對罷工亦有此擔憂。

2月28日，英國人何氏（？）乘搭廣九鐵路尾班車到抵廣州火車站，被數人圍困叫喊企圖毆打，何氏見勢頭不妙，即乘汽車離去脫險。因此傑彌遜於3月7日到省公署交涉局投訴，要求按約出示保護。

省長公署立即行動訓令市政廳：

「查外國人士僑居往來，該地方軍醫有保護之責。現據英領面稱前項舉動實於治安外交兩方有妨礙，仰該市長迅速飭令公安局隨時飭警嚴密防範，妥為保護，日後不得再有此等事故發生，免釀交涉而保行旅，並佈市民知照具復。」

市政廳命公安局遵照辦理，並公開出示佈告通知市民，由於廣東政府處理得當，避過了一場涉外風波。[2]

孫中山指罷工反映「中國工人不只是反資本家，要求減時間、加工價，完全吃飯問題，最大的還是政治問題。」[3] 認為可以組織工人參加國民革命，以打倒帝國主義和軍閥。

---

[1] 高馬可著：《香港簡史》，第 127-128 頁。

[2] 《華字日報》1922 年 3 月 8 日，第 1 張第 3 頁。

[3] 孫中山：〈中國工人結成大團體打破外國經濟壓迫〉，載黃彥主編：《孫文選集》下冊，第 463-464 頁。

馬克思在《工資、價格和利潤》說：「資本家總想把工資降低到生理上所容許的最低限度，把工作日延長到生理上所容許的最高限度，而工人則在相反的方面不斷地對抗。歸根到柢，這是鬥爭雙方力量對比的問題。」

海員大罷工的爆發正如馬克思上述所說，資本家的嚴重剝削行為令海員生理上無法忍受，團結一致站出來對抗，開展經濟鬥爭，面對力量對比的問題，海員工會不高舉民族旗幟進行反英政治鬥爭，以擴大工人團結面，難以取得勝利。中外罷工史上不少罷工都是以經濟鬥爭開始，進入政治鬥爭以鞏固成果，強加分類是沒有意義的。

罷工談判期間華資多次以民族利益誘使海員復工，海員工會則以階級立場來看問題，拒絕華商的利誘，免陷於陜隘的民族感情上，成為仇外事件，把他們同視為資產階級，繼續進行階級鬥爭。

（完）

參考資料

文獻資料：

《華字日報》（香港：1918 至 1922 年），可於香港公共
圖書館網站瀏覽。

　　該報刊載了整個罷工過程，亦報道了當時州的消息，
是海員罷工的第一手資料。

中山大學歷史系孫中山研究室、廣東省社會科學院歷史研
究所、中國社會科學院近代史研究所中國民國史研究
室合編：**《孫中山全集》第 6 卷**（北京：中華書局，
1985），香港公共圖書館藏有，不外借。

　　全套書有助了解孫中山的勞工思想，這一卷可了解孫
中山當時的思想和活動。

中共中央黨史研究室第一研究部編：**《聯共（布）、共產
國際與中國革命運動（19176-1925）》**（北京：北
京圖書館出版社，1998），主編：黃修榮，副主編：
馬貴凡、王德京；該書為《共產國際、聯共（布）與
中國革命檔案資料叢書》第 2 卷。

　　該書有助了解共產國際當時的理論和在中國的活動。

中共廣東省黨史研究委員會辦公室選編：**《廣東群報選輯》**
（廣州：1964，油印稿）。

　　該書有當時香港工運的零星資料，可惜不能在香港找
到《廣東群報》來閱讀。

中華全國總工會中國工人運動史研究室編：**《中國工會歷
次代表大會文獻》第一卷**（北京：工人出版社，1984
再版）。

　　該書有有全國第一次勞動大會全部文件，全套書有香
港人出席歷屆大會資料。

中華全國總工會中國工人運動史研究室編：**《中國工運史
料》第 11 期**，1980.2（北京：工人出版社）。

　　該書全套有很多香港工運資料。

中華全國總工會中國工人運動史研究室編：**《工運史研究
資料》（五，總 17 期、六，總 18 期）**（北京：1981）。

　　該書全套有很多香港工運資料。

恩格斯：〈卡爾‧馬克思〉，載**《馬克思恩格斯選集》第
三卷**（北京：人民出版社，1995，第二版）。

　　要從理論上了解工人運動不能不看馬克思的著作。

馬克思著，中共中央馬克思、恩格斯、列寧、斯大林著作
　　編譯局譯：**《資本論》第 1-3 卷**（北京：人民出版社，
　　1975），香港公共圖書館藏有，可外借。

　　　建議工會幹部抽空略讀一下《資本論》第 1 卷，了解
一下剝削是如何存在，勞動和商品的關係，多花時間讀〈工
資〉和〈工作日〉兩章，深入了解增加工資和減工時鬥爭
的意義。

馬克思、恩格斯等著：**《馬克思主義論工人運動》**（香港：
　　新苗出版社、、台北：連結雜志社聯合出版，2005）。

　　　該書選輯馬克思主義者的主要著作。

區志堅、彭淑敏、蔡思行著：**《改變香港歷史的 60 篇文
獻》**（香港：中華書局（香港）有限公司，2011），
　　香港公共圖書館藏有，可外借。

　　　該書選輯有英佔香港前英人到港的情況，有助了解香
港早期的情況。

陳湛頤編譯：**《日本人訪港見聞錄（1898-1941）》**上卷
　　（香港：三聯書店（香港）有限公司，2005），香港
　　公共圖書館藏有，可外借。

　　　該書選輯有二十世紀二十年代日人觀察的香港，有助
了解香港當時的社會和政經情況。

陳湛頤著：**《日本人與香港——十九世紀見聞錄》**（香港：
　　三聯書店（香港）有限公司，2005），香港公共圖書
　　館館藏有，可外借。

　　　該書選輯有二十世紀二十年代日人觀察的香港，有助
了解香港當時的社會和政經情況。

黃彥主編：**《孫文選集》**下冊，（廣州：廣東人民出版社，
　　2006），香港公共圖書館藏有，可外借。

　　　孫中山著作的選輯本，《孫中山全集》全套資料較齊
全，但本書在香港公共圖書館可外借，較方便。

蘇兆徵：**《蘇兆徵文集》**（北京：人民出版社，2013）。

　　　蘇兆徵是海員罷工的主要領導人，他的文集不能不
看。

書籍：

丁新豹：**《善與人同——與香港同步成長的東華三院
　　（1870-1997）》**：（香港：三聯書店（香港）有限
　　公司），2009），香港公共圖書館藏有，可外借。

　　　該書第二章第四節〈海員罷工與省港大罷工〉，闡述
了東華與海員罷工的關係，全書有助了解華人精英的心
態，和與港英的關係。

王杰、王莉、李寶民等著：**《航運史話》**（台北：國家
　　出版社，2005），香港公共圖書館藏有，可外借。

　　該書有助了解香港的航運地位。

王勇主編：**《文化馬賽克——加拿大移民史》**（北京，民
　　族出版社，2003），香港公共圖書館藏有，可外借。

　　該書有助了解香港的苦力貿易，有關這方面的資料很
多，未能一一介紹。

王國華主編**《香港文化導論》**（香港：中華書局（香港）
　　有限公司，2014），香港公共圖書館藏有，可外借。

　　該書有助了解香港早期的政經建設。

王國華主編**《香港文化發展史》**（香港：中華書局（香港）
　　有限公司，2014），香港公共圖書館藏有，可外借。

　　該書有助了解香港早期的政經建設。

王賡武主編：**《香港史新編》上下冊**（香港：三聯書店（香
　　港）有限公司，1997；2017，增訂版），香港公共圖
　　書館藏有，可外借。

　　該書以各專題文章闡述香港社會和政經各方面的歷
史。

元邦建編：**《香港史略》**（香港：中流出版社，1993），
　　香港公共圖書館藏有，可外借。
　　該書是香港史流水帳，有專節談海員大罷工。

中共廣州市委黨史資料徵集研究委員會辦公室編：**《廣州**
　　大革命時期回憶錄選編》（廣州：廣東人民出版社，
　　1988）。
　　中共出版了很多二十世紀二十年代的廣東革命資料
和文章，很多內容談及香港的情況，不在此一一介紹。

中國勞工運動史續編編纂委員會編：**《中國勞工運動史》**
　　增訂版，第1-2冊（台北：中國文化大學勞工研究所
　　理事會，1984）主編：陸京士。
　　這兩冊書有海員大罷工的內容，尚有當時香港其他工
運資料。增訂版是在舊版基礎上增加資料，沒有改動舊資
料。

李新、陳鐵健總主編：**《中國新民主革命通史》第1卷，**
　　《偉大的開端：1919-1923》（上海：上海人民出版
　　社，2001）。
　　該書有專節談海員大罷工。

余繩武、劉存寬主編：**《十九世紀的香港》**（香港，麒麟書業有限公司，1997，第三版），香港公共圖書館藏有，可外借。

該書可了解香港早期的社會和政經。

余繩武、劉蜀永主編：**《二十世紀的香港》**（香港：麒麟書業有限公司，1995），香港公共圖書館藏有，可外借。
該書有專節談海員大罷工。

汪熙著 ：**《約翰公司——英國東印度公司》**（上海，上海人民出版社，2007）；公共圖書館藏有，可外借。

該書有東印度公司在香港活動的資料。

何心平著：**《美國天主教傳教會與香港》**（香港：香港中文大學天主教研究中心，2011），香港公共圖書館館藏有，不外借。

該書談了罷工前後天主教的活動，有助了解歐美人對東方的觀念和理解。

何佩然著：**《城傳立新——香港城市規劃發展史1841-2015》**（香港：中華書局（香港）有限公司，2016），香港公共圖書館藏有，可外借。

該書可了解香港早期的城市建設。

何佩然著：**《築景思城——香港建造業發展史（1840-2010）》**（香港：商務印書館（香港）有限公司，2010），公共圖書館藏有，可外借。

　　該書可了解香港早期的城市建設，和建築工人的狀況。

沈以行、姜沛南、鄭慶聲主編：**《中國工運史論》**（瀋陽：遼寧人民出版社，1996）。

　　該書多篇文章介紹了中國南方工運的情況。

沈永興主編：**《從砵甸乍到彭定康——歷屆港督傳奇》**（香港：新天出版社，1994），香港公共圖書館藏有，不外借。

　　該書有司徒拔的傳記。

〔英〕亞當·斯密（Adom Smith）著，郭大力、王亞南譯：**《國富論》（精選本）** *An Inquiry into the Nature and Causes of the Wealth of Nations*（香港：商務印書館（香港）有限公司，2002），公共圖書館藏有，可外借。

　　研究工運不能不讀經濟論，既要了解馬克理主義，也要研讀資本主義的經典著作，有利分析資本主義的階級矛盾，《國富論》就是其中之一。

吳志良等主編：**《澳門編年史》第五卷**（廣州：廣東人民，
　　2009），香港公共圖書館藏有，不外借。

　　該卷有海員大罷工時澳門情況的資料。

李英、王棟、瞿彬彬著：**《中外工會法比較研究》**（北京：
　　知識產權出版社，2011）。

　　該書有中外工會法的介紹，可了解法律與罷工的關
係。

李寶元著：**《中國勞動關係簡史》**（北京：企業管理出版
　　社，2016）。
　　該書有介紹孫中山的勞工思想。

馬冠堯著：**《香港工程考 II——三十一條以工程師命名的
　　街道》**（香港：三聯書店（香港）有限公司，2014），
　　香港公共圖書館藏有，可外借。
　　該書介紹了黃埔等大企業的情況，有助了解海員罷工
對這些企業的影響。

〔英〕弗蘭克‧韋爾什（Frank Welsh）著、王皖強、黃
　　亞紅譯：**《香港史》**，***A History of Hong Kong***（北
　　京：中央編譯出版社，2007），香港公共圖書館藏有，
　　可外借。
　　該書有小量海員罷工的資料。

高馬可（John M. Carroll）著，林立偉譯：**《香港簡史——從殖民地至特別行政區》**，*A Concise History of Hong Kong*（香港，中華書局（香港）有限公司，2013），香港公共圖書館藏有，可外借。

　　該書有專節談海員罷工的資料，但全書涉及工運的資料有問題，無法在此逐一談。

周奕：**《香港工運史》**（香港：利訊出版社，2009（，香港公共圖書館藏有，可外借。

　　該書第三章是〈海員大罷工的勝利〉，附錄有專文談沙田慘案。全書主要資料來自當時報章和當時人的訪問。是一本完整的香港工運史流水帳。

周奕：**《香港工運史簡篇》**（香港：利訊出版社，2013），香港公共圖書館藏有，可外借。

　　該書是上書的刪節本。

周佳榮、鍾寶賢、黃文江編著：**《香港中華總商會百年史》**（香港：香港中華總商會，2002），公共圖書館藏有，可外借。

　　該書可了解華人精英如何處理華人事務。

香港海員工會：**《香港海員工會復會四十年大事紀要 1945-1985》**，載：**《香港海員工會會刊》**（香港：香港海員工會），公共圖書館藏有，不外借。

該書是早期完整的海員工會史，當然有談海員大罷工，書中有很多圖片。

香港海員工會：**《歷史記得光榮的海員——香港海員工會九十年》**（香港：香港海員工會，2013），香港公共圖書館藏有，不外借。

該書是完整的海員工會史，當然有談海員大罷工，亦介紹了海員早期的情況。

徐靜玉著：**《廣州政府與英國的政治交涉研究（1918-1926）》**（北京：社會科學文獻出版社，2013）。

該書介紹了1818至1926年間的英國與廣東政府的交涉，有助了解倫敦如何處理中英粵港四角關係。

莫世祥：**《中山革命在香港（1895-1925）》**（香港：三聯書店（香港）有限公司，2011），香港公共圖書館藏有，可外借。

該書闡述了孫中山與港英的關係，及與香港工的關係。

陳明銶、饒美蛟主編：**《嶺南近代史》**，香港：商務印書
　　館（香港）有限公司，2010，香港公共圖書藏有，可
　　外借。

　　本書有文章介紹孫中山與陳炯明的關係，和這段時間
的粵港關係。

陳錦榮（John Nguyet Erni）、梁旭明著，張彩雲、梁慧
　　玲、鄭秀慧譯：**《認識香港南亞少數族裔》**（香港：
　　中華書局（香港）有限公司，2016），香港公共圖
　　書館藏有，可外借。

　　本書有小量資料談南亞人與海員的關係。

陳錦康、班主編：**《工殤──香港職業傷病者及死者家
　　屬口述故事集》**（香港：工業傷亡權益會，2001），
　　香港公共圖書藏有，可外借。

　　本書有一篇海員工傷者的個案。

陳湛頤、楊詠賢編著：**《日本香港關係年表》**（香港：香
　　港教育圖書公司，2004），香港公共圖書館藏有，可
　　外借。

　　本書有海員罷工期間日本在香港的活動。

章洪：**《香港海員大罷工》**（廣州：廣東人民出版社，1979），香港公共圖書藏有，不外借。

第一本海員罷工史的專著。

姚穎嘉著：**《群力勝天——戰前香港碼頭苦力與華人社區的管治》**（香港：三聯書店（香港）有限公司，2015），香港公共圖書館藏有，可外借。

該書有搬運工人在海員罷工期間的活動。

梁雄基著：**《中西融合·羅何錦姿》**（香港：三聯（香港）有限公司，2012），香港公共圖書館藏有，可外借。

該書有何東涉及海員罷工半薪的資料。

梁寶龍著：**《汗血維城——香港早期工人與工運》**（香港：中華書局（香港）有限公司，2017）。

該書有〈東華三院與海員大罷工〉一文，內容與本書有關的東華內容大部份相同。該書輯有一篇陳炳生傳，及兩篇蘇兆徵的文章。

張連興：**《香港二十八總督》**（北京：朝華出版社，2007）；另有（香港：三聯書店（香港）有限公司，2012），香港公共圖書館藏有，可外借。

該書有司徒拔的傳記。

張後銓著：**《航運史話》**（北京：社會科學文獻出版社，
2011），香港公共圖書藏有，可外借。

該書有助了解香港的航運的發展。

張瑞威著：**《拆村：消逝的九龍村落》**，香港，三聯書
店（香港）有限公司，2013，香港公共圖書館館藏
有，可外借。

該書記載九龍衙前圍村的海員情況。

張曉輝：**《香港近代經濟史（1840-1949）》**（廣州：
廣東人民出版社，2001），香港公共圖書館藏有，
可外借。

該書記載了香港早期的經濟情況，有助了解航運發
展。

夏思義（Patrick H. Hase）著，林立偉譯：**《被遺忘的六
日戰爭——1899年 新界鄉民與英軍之戰》** *THE
SIX-DAY WAR OF 1899：Hong Kong in the Age of
Imperialism* ，香港，中華書局（香港）有限公司，
2014；香港公共圖書藏有，可外借。

夏思義在書中談及了英國統治香港的手法。

施志明著：**《本土論俗——新界華人傳統風俗》**（香港：中華書局（香港）有限公司，2016）；香港公共圖書館藏有，可外借。

該書有助解華人社會，還記述了九龍城林氏族人當海員的故事。

趙雨樂、鍾寶賢、李澤恩編註，梁英杰，高翔、樊敏麗譯：**《明治時期的香港日本人》**（香港：三聯書店（香港）有限公司，2016），香港公共圖書館藏有，可外借。

該書記述了日本人早期在香港的航運事業。

駱傳華著：**《今日中國勞工問題》**（上海：上海青年協會書局印行，1933）。

該書有早期香港海員的資料。

鄭宏泰、黃紹倫著：**《香港大佬——何東》**（香港：三聯書店（香港）有限公司，2007），公共圖書館藏有，可外借。

何東是解決罷工的重要人物之一，所以要看何東其家族各人傳記。

鄭宏泰、黃紹倫著：**《香港將軍——何世禮》**（香港：三聯書店（香港）有限公司，2008），公共圖書館藏有，可外借。

何世禮傳有助了當時人的左傾心態。

鄭宏泰、高皓著 ：**《白手興家——香港家族與社會 1841-1941》**（香港：中華書局（香港）有限公司，2016），香港公共圖書館藏有，可外借。

該書有助了解華人精英如何與港英勾結對付工會。

傅秉常口述，劉鳳翰整理：**《傅秉常口述自傳》**（北京：中國大百科全書出版社，2009），香港公共圖書館藏有，不外借。。

傅秉常在香港讀書，曾安排孫中山與司徒拔會面，內容較表面，沒有深入資料。

湯錦台著：**《閩南海上帝國——閩南人與海上帝國》**（台北：如果出版事業股份有限公司，2013），香港公共圖書館藏有，可外借。上書另有果實2005年出版的《閩南人的海上世界》。

該書小部份內容記述了南方一帶海員的情況。

蔡思行著：**《香港史100件大事》上冊**（香港：中華書局（香港）有限公司，2012），香港公共圖書藏有，可外借。

該書有專章談海員大罷工。

蔡榮芳：**《香港人之香港史1841-1945》**（香港：牛津大學出版社，2001），香港公共圖書館藏有，可外借。

該書有專章談海員大罷工，有自己的論點，參考價值高。

鄧中夏：**《中國職工運動簡史1919-1926》**（香港：文化資料供應社，1978），此書有多個版本。

該書是研究工運必看的書，有專章詳述海員大罷工。

黃兆輝著：**《港產紳士——治港百年的半山區上文化》**（香港，超媒體香港出版有限公司，2014），香港公共圖書館藏有，可外借。

該書可了解華人精英的發展，及早期英治港手法。

黃宇和著：**《中山先生與英國》**（台北：學生書局，2005）。

該書可記述孫中山與英國的關係，有助了解二者與海員罷工的關係。

黃宇和著：**《歷史偵探——從鴉片戰爭到孫中山》**（香港，中華書局（香港）有限公司，2016）；香港公共圖書館館藏有，可外借。台灣版《孫中山——從鴉片戰爭到辛亥革命》（台北，聯經出版事業公司，2016），香港公共圖書館館藏有，可外借。另有國內版《歷史偵探——從鴉片戰爭到辛亥革命》。

該書記述孫中山與陳炯明的關係，可多方了解陳炯明。

黃朗正撰述：**《聯義社社史》**（香港：義聲出版社，1971），香港公共圖書館藏有，不外借，香港中山圖書館藏有，可外借。

聯義社是由海員中發展起來的組織，要了解海員工會的創立不能不看。

蘇萬興編著：**《衙前圍——消失中的市區最後圍村》**（香港：中華書局（香港）有限公司，2013），香港公共圖書館藏有，可外借。

該書輯錄了前海員工會主席吳渭池的自傳，史料價值高，不能不看。

劉明逵、唐玉良主編：**《中國工人運動史》，《第一次大革命時期的工人運動》**（廣州：廣東人民出版社，1998），香港公共圖書館藏有，可外借。

該書專節記述海員大罷工。

劉智鵬著：**《香港早期華人菁英》**（香港：中華書局（香港）有限公司，2010），香港公共圖書館藏有，可外借。

該書記述了早期華人精英的事蹟，有助了解華人社的情況。

劉智鵬主編：**《展拓界址——英治新界早期歷史探索》**（香港：中華書局（香港）有限公司，2010），香港公共圖書館藏有，可外借。

該書記述了司徒拔送回鐵閘事件，有助了解司徒拔的治港手腕。

劉蜀永主編：**《簡明香史》**（香港：三聯書店（香港）有限公司，2016，第三版），香港公共圖書館藏有，可外借。

該書是簡單的香港史流水帳，有助了解海員大罷工前後的香港。

劉紹麟撰寫：**《中華基督教會合一堂史——從1843年建基到現代》**（香港：中華基督教會合一堂，2003）。
該書記述了海員大罷工對中華基督教會合一堂的影響。

劉粵聲主編：**《香港基督教教會史》**（香港：香港浸信教會，1941原版，1996二版）。
該書記述了海員大罷工對香港基督教的影響。

薛鳳旋、鄺智文編著：**《新界鄉議局史：由租借地到一個兩制》**（香港：三聯書店（香港）有限公司、香港浸會大學當代中國研所，2011），香港公共圖書館藏有，可外借。；

該書記述了送回鐵閘事件，有助了解司徒拔的治港手腕。

鍾寶賢著 ：**《太古之道──太古在華一百五十年》**（香港，三聯書店（香港）有限公司，2016），香港公共圖書館藏有，可外借。

太古是香港要的企業，該書有助深入了解香港的航運業和工業的發展。

盧受采、盧冬青：**《香港經濟史》**（香港：三聯書店（香港）有限公司，2002），香港公共圖書館藏有，可外借。

該書香港發展的進程，有助了解海員罷工的起因。

盧權、禤倩紅：**《蘇兆徵傳》**（上海：上海人民出版社，1986）。

蘇兆徵是海員罷工的重要領導人之一，其傳記不能不讀，該書詳細記述了蘇兆徵的一生。

盧權、禤倩紅：**《蘇兆徵》**（廣州：廣東人民出版社，1993）。

該書是上書的另一版本。

盧權、褟倩紅：**《蘇兆徵——中國工人運動領袖》**（珠海：
　　珠海出版社，2006）。

　　該書與上列廣東人民版的書內容相同，廣東版內容較
豐富。

盧權、褟倩紅：**《林偉民——中國工人運動領袖》**（珠海：
　　珠海出版社，2008）。

　　林偉民是海員罷工的談判代表，其傳記不能不讀，該
書詳細記述了林偉民的一生。

鍾點編，何幹成審訂：**《香港海員大罷工》**，廣州：廣東
　　省總工會，1983，香港公共圖書館藏有，可外借。

　　該書簡要地記述了海員大罷工。

錫編訂：**《黎民偉日記》**（香港：香港電影資料館，2003），
　　香港公共圖書館藏有，可外借。

　　黎民偉曾拍下港英掛回海員工會招牌的照片，他的日
記有參考價值。

柯保羅：**《香港童軍百年史》**（香港：香港童軍總會，2012）。

　　該書記述了童軍在海員大罷工期間的活動。

巨英著：**《二戰後英國勞資關係的政治分析》**（武漢：湖
　　北人民出版社，2010）。

　　港英處理勞資糾紛完全依據英國的方法去做，該書記
述英國處理勞資糾紛的方法去做，有助了解港英的處理海
員大罷工的手法。

《譚平山文集》編輯組編：**《譚平山文集》**（北京，人民
　　出版社，1986）。

　　譚平山曾撰文評論海員大罷工，且曾參與廣東的社
運，該書有參考價值。

《李啟漢》（北京：人民出版社，1984）。

　　李啟漢曾在上海發動支援海員大罷工活動，他的傳記
有高參考價值。

文章：

成恩：**《中華海員工會沿革與歷史》**，載：《香港航業海
　　員合幷工會年刊（1973）》（香港：香港航業海員合
　　幷工會，1973）。

　　本文記述了海員工會早期的歷史。

危丁明著：〈**尊孔活動與香港早期華人社會：以中華聖**
教總會說明〉，載蕭國健等主編：《鱸峰古今2014》
（香港：珠海學院香港歷史文化中心，2014）。

　　本文記述了華人社會在海員罷工後的文化活動，有了
解華人如何向低下層推動文化活動。

余渭泉：〈**馮燊（1899-1970）**〉，載：中華全國總工
會中國工人運動史研究室編：《工運史研究資料》
（五，總17期）（北京：1981），第23-27頁。

　　馮燊是海員罷工的領導人之一，他的傳記必讀。

雁聲著：〈**中國勞動者第一次罷工的勝利**〉，載：《覺
悟》（上海，1920年5月20日）。

　　本文記述了海員罷工的情況，必讀，香港無法找到來
看。

莫世祥：〈**也談國共兩黨和香港海員大罷工**〉，載：《近
代史研究》，1987.05。

　　本文論述了國民黨和中共與海員大罷工的關係。

陳業承：〈**香港海員大罷工**〉，載：中共廣東省委黨史研
究室編 ：《香港與中國革命》（廣州：廣東人民出
版社，1997）。

　　本文簡述了海員大罷工的經過。

趙立人：〈**護法運動中的孫中山與陳炯明**〉，載陳明鍒等
　　主編：《嶺南近代史》（香港：商務印書館（香港）
　　有限公司，2010）。

　　本文詳述了孫中山與陳炯明與陳炯明的關係。

鄧中夏：〈**蘇兆徵同志傳**〉，載鄧中夏：《鄧中夏文集》
　　（北京：人民出版社，1983）。

　　鄧中夏與蘇兆徵有深厚友誼，省港大罷工一起戰鬥，
故本文有高價值。

劉麗：〈**香港海員大罷工是國民黨領導的**〉，載：《近代
　　史研究》，1986.02。

　　本文是與下列褟倩紅的〈香港海員大罷工是國民黨領
導的嗎？〉一文，討論海員大罷工與國民黨領導的問題。

劉達潮：〈**香港中華海員工業聯合總會成立的經過與海
　　員大罷工的情形**〉，載：中華全國總工會中國工人
　　運動史研究室編：《工運史研究資料》（六，總18
　　期）（北京：　1981），第1-50頁。

　　劉達潮一直參與領導海員工會工作，本文記述了海員
工會早期的歷史。

陳衛民：〈"南方工會"初探〉，載沈以行等主編：《中國工運史論》（瀋陽：遼寧人民，1996）。

　　本文記述了廣東工會活動，有助了解廣東工會對海員大罷工的支援。

趙植芝：〈香港聯義社革命史略〉，載《革命文獻》第45輯（台北：遼寧人民，1996）。

　　聯義社是員組織，趙植芝是早期成員，本文有助了解海員工會的成立。

禤倩紅：〈香港海員大罷工是國民黨領導的嗎？〉，載：《近代史研究》，1987.05。

　　本文論述了國民黨是不是發動了海員大罷工。

禤倩紅等著：〈第一次國共合作期間粵港工會統一運動〉，載盧權等著：《耕耘集（續集）》（廣州：廣東人民出版社，2003）。

　　本文有助了解海員大罷工前後粵港工會情況。

魯言著：〈六十年前的香港〉，載：魯言等著：《香港掌故》第2集（香港：廣角鏡出版有限公司，1979），第166-183頁，香港公共圖書館藏有，可外借。

　　本文有助了解海員大罷工前後香港社會情況。

黃競聰：〈**論海員大罷工之前因與後果**〉，載：編輯委
　　員會：《香港史地》第三卷（香港：香港史學會，
　　2012），第103-116頁，香港公共圖書館藏有，可外
　　借。

　　本文分析海員大罷工前因後果。

〈**東華醫院創院90年之沿革**〉，載香港東華三院發展史
　　編纂委員會：《香港東華三院發展史》，第1輯（香
　　港：1961）。

　　本文有記述東華在海員大罷工的活動。

〈**陳炳生先生奮鬥史（二）**〉，載：《香港中國海員職
　　工總會成立1周年紀念特刊》（香港：香港中國海員
　　職工總會，1983.5）。

　　陳炳生是海員工會創會會長，罷工領導人之一，有關
　　他的資料必讀。

〈**拱北海關年度貿易報告有關澳門史料**〉，載廣東省檔案
編：《廣東澳門檔案史料選編》（北京：中國檔案，1999）。

　　本資料有海員大罷工期間澳門的貿易情況。

資料室：**《海員前輩陳炳生先生與香港中華海員工會的成立對國內海員工運的影響》**，載：《香港航業海員合併工會年刊（1977）》（香港：香港航業海員合併工會，1977）。

本文談陳炳生與海員工會，他是海員工會創會會長，罷工領導人之一，有關他的資料必讀。

資料室：**《海員前輩陳炳生先生與香港中華海員工會的成立對國內海員工運的影響（續上）》**，載：《香港航業海員合併工會年刊（1977）》（香港：香港航業海員合併工會，1977）。

本文是上文的續篇。

〈香港海員罷工的現狀及各地援助的踴躍〉，載：中華全國總工會中國工人運動史研究室編：《中國工運史料》第 11 期，1980.2（北京：工人出版社）；原載：《工人周刊》，1922 年 2 月。

本資料是海員大罷工原始資料之一。

表一：1920 年香港各船公司海員月薪表

1920 年香港各船公司海員工資表			
			單位：元
公司名稱	餐室招待	燒火夫	水手
昌興公司	22	25	25
中國郵船	20	22	22
花旗公司	22	25	25
怡和	15（伙食自備）	25	25
太古	12	未詳	未詳
德忌利士	10	21（自備伙食）	20（自備伙食）
東洋公司	27	日本人	日本人
渣華公司	18-9	21（補伙食 7 元）	21（補伙食 7 元）
三達公司	21	25	25
藍煙筒（太古澳洲航線）	20	30	31

資料來源：劉明逵等主編：《中國工人階級歷史狀況》第一卷第一冊（北京：中央黨校，1985），第 450 頁，引雁聲著：〈香港海員的勞動狀態〉，載《香江晨報》，勞動節紀念增刊《勞動號》（香港：1920 年 5 月 1 日），第 16-17 頁。

表二：1921 年香港海員各工種月薪表

1921 年香港海員各工種月薪表			
			單位：元
工種	月薪	工種	月薪
水手	22-25	甲板西崽	20-25
製饅司	40-50	打漿夫	20-25
木匠	25-30	燒飯司	40-65
鐵環夫	35-40	酒排役	30-35
侍役	20-30	廚師	20-25
經賬人	30-35	司信件人	20-22
舟子	25-35	看銀洋人	25
伙食房役	20-30	食堂西崽	10-15
司油夫	28-31		
資料來源：劉明逵等主編：《中國工人階級歷史狀況》第一卷第一冊（北京：中央黨校，1985），第 451 頁，引《申報》（上海：1922 年 2 月 11 日）。			

表三：1925 年各國海員月薪表

1925 年各國海員月薪表			
單位：元			
(1925 年奧國=100)			
國家	海員月薪	國家	海員月薪
奧國	100	瑞典	473
美國	176	印度	8.70
英國	162	中國	6.50

資料來源：劉明逵等主編：《中國工人階級歷史狀況》第一卷第一冊（北京：中央黨校，1985），第 462 頁。

表四：1920 年香港海員個人每月開支表

1920 年香港海員每月用費表	
	單位：元
項目	支出
衣服	3.00
行船館月費	1.50
往來舟車費	1.00
鞋襪	1.50
洗衣	1.00
行李搬運	0.50
零用	0.90
總計	9.40

資料來源：劉明逵等主編：《中國工人階級歷史狀況》第一卷第一冊（北京：中央黨校，1985），第 529 頁，引雁聲著：〈香港海員的勞動狀態〉，載《香江晨報》，勞動節紀念增刊《勞動號》（香港：1920 年 5 月 1 日），第 18 頁。

表五：1920 年香港海員家庭每月開支表

1920 年香港海員家庭每月用費表	
	單位：元
項目	支出
房租	6.00
白米	10.00
小菜	8.00
柴薪	1.00
衣服	1.50
教育費	8.00
雜用	1.00
社交應酬	0.50
總計	36.00

資料來源：劉明逵等主編：《中國工人階級歷史狀況》第一卷第一冊（北京：中央黨校，1985），第 529 頁，引雁聲著：〈香港海員的勞動狀態〉，載《香江晨報》，勞動節紀念增刊《勞動號》（香港：1920 年 5 月 1 日），第 18 頁。

跋

為今後的社會運動投石問路

在中共越發加緊控制香港，削弱香港人原有的權利和福利時，不少港人都有「民主運動怎樣走？」的疑歎。這個時候，龍爺的《爭尊嚴》正是一本可以參考的書籍。此書鉅細無遺描述及分析海員大罷工的背景、起因、經過和結果。當時工人吶喊的許多要求，例如最高工時和生活工資，到了現在香港仍然未竟全功，令人不禁無語問蒼天。

然而，二十世紀初在普遍工人的教育程度不高的情況下，他們能夠團結一致，為自己的權益拼命，現在香港的工運卻變得沉寂，實在是讓我們這一輩左翼感到汗顏，得想辦法重振聲勢。

龍爺這本書提醒我們，若果要社會運動成功，強迫統治階級（政府—資本家）讓步，就必須要讓廣大的打工仔覺醒到自己是受剝削的一群，他們才會願意起來抗爭，有更大的團結和影響，運動才會有成功的機會。可惜香港的民主運動三十多年來，無論是老泛民還是黃之鋒，他們都是以討好保守中產為推進民主運動的第一要務，沒有意識到如何去團結廣大的基層，結果讓民主運動不能勢如破竹，間接亦讓香港的政治運動變得沒有希望，使不少支持者喪志離開。

《爭尊嚴》這本書最大的啟發是，成功的社會運動，經濟因素和政治因素是密不可分。因此若果鼓動大眾挺身出來，必須讓大眾明白沒有普選如何導致生活艱困，才能

動員他們。現在本土急進勇武路線讓不少人無辜坐牢，但得不到大眾的同情，就是因為沒有舉起經濟公義的大旗！

不過，看畢書籍，始終覺得海員大罷工和今天相隔約一世紀，筆者不才，嘗試指出海員大罷工的經驗局限，希望大家能有所得著。

第一，當時的工人真的只有性命一條，他們可以豁出去不惜一切罷工。但是現在年青的工人，他們都有一定資產，而且沉迷於小確幸，寧願忍受剝削儲錢去旅行享樂，也不願團結一致爭取權益。如何讓年青工人放棄小資的小確幸心態，投身工運，的確是工運者要思考。

第二，海員大罷工時，香港工人還可以利用不同統治集團的矛盾，如孫中山、陳炯明、港英政府的利益衝突去尋求最大的助援，但是在今日全球化下，香港和中國的資本統治集團已經融為一體，共同去剝削工人，如何和他們周旋，將是一大難題。

第三，蘇聯倒台已有三十多年歷史，與省港大罷工時，工人相信社會主義的願景不同，現在各國的工人也不相信國際工運大團結，他們甚至會在極右的煽動下仇恨同為工人的移民工，要如何重啟工人對階級團結的期許，放下族群仇恨，將是一大難題。

以上三點，僅為愚見，希望大家能拜讀此書！

胡啟敢
《柏楊大學》創辦人
左翼作家
2018年7月25日